Las mil profecías de Nostradamus
es editado por
LATINOAMERICANA EDITORA S.A.
Arce 547 C.P. 1426, Buenos Aires.
Tel. - Fax (011) 4775-0200
E-mail: libros@latinoa.com.ar

I.S.B.N. Nº 987-9402-13-8
Printed in Argentina.

Impreso en Poligráfica del Plata S.A.
Buenos Aires, noviembre de 1999.

Las mil profecías de Nostradamus

Carlos Sáez

Quién era Nostradamus

Michel de Notredame no fue un brujo impostor, ni un iluminado, ni un ilusionista; tampoco fue un falso profeta, ni un vendedor de mentiras, como la posteridad ha querido presentarlo. Fue un científico notable y un gran médico, matemático innovador, físico, astrónomo y alquimista. Admirador de la obra cosmológica de Copérnico, conocedor de la Cábala y lector incansable de todas las corrientes filosóficas divulgadas en su época. Pero fundamentalmente, Nostradamus fue un poeta, y es esa la condición que lo hizo trascender, porque su obra más famosa, *Las Profecías*, está compuesta por poemas, mil cuartetas ordenadas de a cien, conocidas como Centurias

Nació en 1503 en Saint-Rémy, en el sur de Francia; la latinización de su apellido se convirtió en su nombre, Nostradamus.

De ascendencia judía, recibió educación católica. Le fueron revelados por sus abuelos los secretos de la obra oculta de los cabalistas.

Siendo adolescente fue enviado a Aviñón para estudiar filosofía.

En 1522 inició sus estudios de medicina en Montpellier, y en 1525 comenzó a ejercer la profesión de médico, sin estar recibido, a causa de la peste que asolaba el sur de Francia.

Sus métodos fueron innovadores, logró sanar a enfermos considerados incurables, y consiguió salvar a poblaciones enteras, que aceptaban la peste como un castigo divino, incorporando el concepto de profilaxis a su tratamiento. Su fama de médico excepcional comenzó a divulgarse. En Montpellier terminó sus estudios de medicina y obtuvo el título de doctor.

Gozó desde entonces de la admiración absoluta de su tiempo.

Reyes y emperadores escuchaban y atendían

sus consejos; era consultado constantemente por los círculos del poder, porque confiaban en sus oráculos y en su sabiduría.

La Iglesia lo veía como un personaje que amenazaba el orden establecido, y lo sometía a constantes procesos, que Nostradamus sorteaba con su habilidad política, su inteligencia práctica y sus innumerables contactos con las jerarquías del poder.

Michel fue fundamentalmente un hombre de su tiempo, conocedor del mundo que lo rodeaba, iconoclasta, cercano a la corte, pero preocupado por los humildes; mitad poeta y mitad científico, supo ver la realidad del mundo que lo rodeaba, y desde la profundidad de su mundo interior supo alcanzar la trascendencia.

Se estableció en Agen, y se casó con una joven de la alta sociedad con la que tuvo dos hijos. Su vida era perfecta, una bella familia, un ascenso vertiginoso en su carrera, y una cómoda posición de prestigio y riqueza. Pero allí ocurrió un horrible suceso que marcaría sus próximos años. Mueren sorpresiva y casi simultáneamente, su esposa y sus dos hijos. Abatido ante tan desgraciados hechos, Nostradamus abandona su carrera y su lugar, y se lanza a recorrer los caminos de Europa. Viaja en mula por los más alejados pueblos y toma contacto con la gente más pobre, y con los sabios más claros. Cuentan que en uno de esos trayectos, se cruzó con un par de frailes franciscanos, bajó de su cabalgadura y se postró de rodillas ante uno de ellos diciendo: "Me postro ante ti, porque rindo homenaje a quien será Papa", se trataba del que en el futuro sería el Sumo Pontífice Sixto V.

De regreso de su larga peregrinación, sintió Nostradamus que había recuperado la serenidad de su espíritu, y que había adquirido conocimientos que serían decisivos para su futuro. Por un lado se había contactado fuertemente con el mundo de los hombres más humildes, aplicando la medicina curativa y preventiva en hechos cotidianos y simples, y por otro lado había hallado las llaves para alcanzar lo más alto del saber. Pero todo esto no calmaba el dolor desgarrador que todavía sufría su alma. Nostradamus se había convertido en una persona taciturna y silenciosa, para sanar su enorme tristeza se enclaustró en la Abadía de Orval durante largo tiempo. Algunos creían que estaría allí para siempre, pero un acontecimiento despertó su solidaridad y lo devolvió al mundo: una nueva epidemia de peste hizo que vinieran a buscarlo, y él optó por la gente, ayudó a los más necesitados y convenció a los nobles sobre las ventajas de la profilaxis para eliminar focos de contagio. Por los éxitos logrados en aquella emergencia el Estado francés le otorgó una pensión de por vida.

En 1544 se casó nuevamente con una joven de Salón llamada Ana Ponsart, con quien tuvo enseguida un hijo. Esto terminó de renovar su ánimo.

Desde este momento comienza la fama de Nostradamus a crecer sobre dos pilares: su sapiencia como médico y científico y su capacidad profética. Fue el futurólogo de la corte francesa y también el médico, sus consejos eran escuchados por el poder. Más que un adivinador de hechos, fue un agudo analista de su época. Nostradamus adelantaba sucesos como el ajedrecista que supone la jugada siguiente, pensando en todos los movimientos que pueden hacerse, basándose en los conocimientos previos sobre la situación y dominando el juego.

Catalina de Médicis lo tuvo como su principal consultor astrológico, médico y político.

En 1560, Carlos IX de Francia lo nombró médico de la corte.

Falleció Nostradamus en 1566, en la ciudad donde se había casado, Salón, a los sesenta y dos años.

En su tumba se grabó este epitafio:

HIC – IACENT – CINES – ILLUSTRISSIMI – VIR –
NOMEN – SUUS –
MICHAELUS NOSTRADAMUS –
QUI – SECUNDUM –
OMNIBUS – MORTALIBUS – GENTIBUS –
CUM – DEORUM –
CALAMO – SUB – COELESTIALE –
INFLUENTIA – FUTURUM –
MUNDI – AUGURAVIT

(Aquí descansan los restos mortales del ilustrísimo Michel Nostradamus, el único hombre digno, a juicio de los mortales, de escribir con su pluma casi divina, bajo la influencia de los astros, el futuro del mundo.)

Todo poeta es un profeta

La obra poética de Michel de Notredame está compuesta por mil cuartetas, ordenadas de cien en cien bajo el nombre de Centurias.

Han llegado hasta nuestros días diez Centurias, una de ellas inconclusa, la séptima; se supone que había allí otros versos reemplazando a los que conocemos.

Algunas ediciones han traducido cerca de 1.200 cuartetas, agregando poemas que se le atribuían a Nostradamus; esta confusión permitió la existencia de intencionadas interpretaciones y de falsas profecías, que le harían decir al poeta cosas que nunca imaginó.

Los versos estaban escritos en francés, pero tenían palabras de otros idiomas y voces en desuso, ya arcaicas décadas antes del momento en que Nostradamus las escribía.

Las cuartetas están deliberadamente desordenadas. Los tribunales de la Inquisición perseguían la obra de los videntes, la creación de los poetas y los pensamientos de los científicos, y Michel quiso conservar su vida. Este caos lógico y cronológico que impuso a su obra era indescifrable para los que podían atentar contra su integridad física.

El misterio y los senderos intrincados que nos propone la poesía del profeta tornan imposible la lectura de algunos sucesos descriptos y el descubrimiento de los personajes a los que se refiere.

Nostradamus ha mezclado las cuartetas dentro de las Centurias, luego ha variado el orden cronológico de las Centurias, después invirtió la colocación de los versos dentro de las cuartetas, siempre respetando la métrica y la rima, y por último ha cambiado la disposición de las palabras dentro de los versos. Esta maraña de voces y mensajes llega a nuestros días envuelta en una compleja oscuridad, dificultando su lectura y aún más su interpretación.

Por estas razones descriptas, es que la obra del poeta merece una lectura atenta y libre de prejuicios. Todo intento de ordenar cronológicamente las profecías ha fracasado. Leamos a Nostradamus como se lee a Cervantes, o al Dante, o a los grandes creadores de la historia de la literatura, y descubramos en sus textos visiones del futuro, como podemos hacerlo con las grandes obras. No hay espejo más claro de nuestros días que alguno de los capítulos del Quijote, ni metáfora más honda de nuestra humanidad que alguno de los versos de la Divina Comedia.

Todo poeta es un profeta.

Pensemos en el autor del tango "Cambalache", Enrique Santos Discépolo, cuando en 1930 escribía "...y en el dos mil también", luego de describir un estado del mundo, que se parece a una foto de lo que estamos viviendo; estaba profetizando nuestro tiempo. También los poetas del Siglo de Oro nos acercan innumerables referencias de la vida que hemos hecho y heredado.

Desgraciadamente, se han apropiado de las interpretaciones de los versos de Nostradamus los que deseaban ver en cada cuarteta a Hitler o a Mussolini, haciéndonos creer que el fascismo o el nazismo fueron inevitables jugadas del destino, que Nostradamus supo ver hace quinientos años, y no los hechos crueles de la historia que el hombre ha creado y protagonizado.

Toda profecía es un alerta, un aviso que nos dice que todavía estamos a tiempo. No es la descripción de una fatalidad.

Cuando se escribe para la posteridad se apuesta por la eternidad.

Cómo leer las Profecías

¿Cómo hubiera querido Nostradamus que leyéramos sus poemas?

Imaginemos al poeta de los tiempos entregándonos dos decálogos, para permitirnos desmarañar su laberinto de versos, para alertarnos sobre los sucesos que él había presentido, o para que simplemente gocemos de su poesía.

Primer decálogo

1. Leerlas de la primera a la última como quien accede a un libro de poemas.
2. Dejarse llevar por la musicalidad y la belleza de los versos.
3. Sentir antes que pensar.
4. Percibir antes que interpretar.

5. Saber que cada verso es una unidad que puede estar diciéndonos algo.
6. Entender la época en que fueron escritos.
7. Conocer al poeta y a su circunstancia.
8. Repetir las cuartetas en voz alta. La oralidad en la poesía aclara las ideas.
9. Detenerse ante las voces de Nostradamus, cuando el corazón lo dicte.
10. Releer y recrear. Cada lectura será una fundación.

Segundo decálogo

1. Abrir el libro en cualquier página.
2. Leer la primera cuarteta que se nos presente.
3. Sentir en esos cuatro versos el mensaje que el poeta nos deja.
4. Invertir el orden de los versos de esa página.
5. Armar nuevos poemas con esos versos.
6. Escuchar la voz de Nostradamus desde nuestra propia voz.
7. Releer los versos de a uno, sacándolos de la cuarteta; darles sentido como unidad.
8. Unir varias cuartetas para formar un largo poema.
9. Volver a escribir el poema, y escribir otro desde la idea del poeta.
10. Saber que cada profecía se encuentra en nuestra capacidad de crear y entender.

Recomendamos leer las Centurias con una enciclopedia a mano, y tratar de buscar los lugares y los personajes que el poeta nos propone. Cada nombre es un mundo que se abre a nuestra percepción, nos describe geografías y protagonistas y nos permite descifrar nuevos mensajes.

Los temas de las Profecías

Como todo poeta, Nostradamus tiene ciertas obsesiones, temas que se repiten a lo largo de su obra:

a. Las guerras.
b. El hombre lobo del hombre.
c. La iglesia y su acumulación de riquezas.
d. Fenómenos climáticos.
e. Desastres ecológicos.
f. Desigualdades sociales.
g. Gobiernos corruptos.
h. Gobernantes idiotas.
i. Un nuevo mundo.
j. Los que están arriba caerán. Los que están abajo tomarán el poder.

Estas ideas, centrales en sus Centurias, son en realidad su gran profecía.

Es entretenido emparentar algunos versos de Michel con hechos ya sucedidos, como la muerte de Kennedy o la aparición de Hitler. Pero es sobrecogedor saber que ese hombre, hace más de cinco siglos, nos estaba hablando de algo que todavía sufrimos: estamos parados sobre el tan promocionado fin del mundo, este lugar de la historia donde conviven los ricos más ricos jamás imaginados y los pobres más pobres ajenos a toda posibilidad de vida.

La caída de los imperios, o la sublevación de los oprimidos, o la llegada al poder de los justos, no son profecías divulgadas por los que se han apropiado de su difusión hasta ahora. Es más fácil hablar de lo inevitable que tratar de entender lo que todavía estamos a tiempo de cambiar.

La poesía es siempre profecía.

El mundo de Nostradamus

Tablas cronológicas
1500 – 1600

Acontecimientos históricos	Hechos culturales

1501
Luis XII de Francia y Fernando de Aragón conquistan Nápoles.

Rojas: *La Celestina.*
Durero viaja a Italia.

Lutero entra en la Universidad de Erfurt.

Descubrimiento del Brasil.

1503 – 1513
Papa Julio II.

1505
Primera importación de especias de las Indias Orientales en Alemania por vía marítima, por Jacobo Fúcar.

1509 – 1547
Enrique VIII de Inglaterra.

Pedro Henle inventa el reloj de bolsillo.

1509
Calvino nace en Noyón (Picardía)

Erasmo: *Elogio de la locura.*

1513
Restablecimiento de los Médicis en Florencia.

Balboa atraviesa el estrecho de Panamá.

Maquiavelo: *El Príncipe.*

Acontecimientos históricos	Hechos culturales
1515 – 1547. Francisco I de Francia.	Lutero: La teología.
1515. Díaz de Solís llega a la desembocadura del Plata.	Tomás Moro.
1516. Muere Fernando de Aragón. Carlos I es rey de España.	
1517. Los turcos conquistan Egipto. Llega el café a Europa.	Garcilazo de la Vega.
1519. Comienzo del comercio de esclavos para América. Conquista de Méjico por Cortés.	Ariosto: Orlando.
1520 – 1566. Sultán Solimán II "El Magnífico".	
1520. Primera importación de chocolate de Méjico a Europa. Carlos V rey de Alemania.	
1523. Expulsión de los europeos de China.	Rabelais: Gargatúa y Pantagruel.

Acontecimientos históricos	Hechos culturales
1533. Paz entre Fernando y Solimán.	Guevara: Libro Aúreo de Marco Aurelio.
Explotación de la caña de azúcar en Brasil.	Corregio.
Pizarro conquista el Perú.	Miguel Ángel: El Juicio Final (frescos en la Capilla Sixtina)
1534 – 1549. Papa Paulo III.	
1541. Calvino comienza en Ginebra la organización de la Iglesia.	Ejecutan a Tomás Moro. Muere Erasmo.
1542. Nuevas leyes para Nueva España, Bartolomé de las Casas. Prohibición de reducir a los indios a la esclavitud.	Servet descubre la circulación de la sangre. Copérnico: Astronomía Heliocéntrica. Muere Paracelso.
1547 – 1584. Ivan IV "El Terrible" Zar de Rusia.	Barclay. Ronsard: Amores.
1549. Llegan los jesuítas a Sudamérica.	Lazarillo de Tormes. Margarita de Navarra: Heptamerón.
1550 – 1555. Papa Julio III.	Camoens: Os Lusiadas. Lindsay.
1553. El médico Miguel Servet es quemado en Ginebra.	Fray Luis de león.

Acontecimientos históricos	Hechos culturales
1555 – 1559. Papa Paulo IV.	Montaigne: Ensayos.
1556 – 1605. El Gran Mogol Akbar.	
1556. Muere San Ignacio de Loyola.	Peter Bruegel, el Viejo.
1558. Fallece Carlos V.	
1558 – 1603. Isabel de Inglaterra.	Torcuato Tasso.
1560. Jean Nicot introduce el tabaco en Francia.	Giordano Bruno.
1565. Catalina de Médicis se entrevista con el duque de Alba.	Marlowe. Galileo.
1569. Mapamundi de Gerardo Mercator.	Francis Bacon.
1572. Matanza de San Bartolomé.	
1574 – 1589. Enrique III de Francia.	Ben Jonson.

Acontecimientos históricos	Hechos culturales
1572 – 1585.	
Papa Gregorio XIII.	
1577 – 1580.	
Francis Drake da la vuelta	
al mundo.	
1582.	
Fallece Santa Teresa de	Tirso de Molina.
Jesús.	
1585 - 1590.	
Papa Sixto V.	Lope de Vega.
1590.	
Papa Urbano VII.	
1590 - 1591.	
Papa Gregorio XIV.	Shakespeare.
1591.	
Papa Inocencio IX.	
Muere San Juan de la Cruz.	
1592 - 1605.	
Papa Clemente VIII.	Cervantes.

Esta edición

Toda traducción es una versión, y aún más en el caso de un poeta. Tratar de acercar los textos de Nostradamus al español es un intento arriesgado.

El francés, el provenzal, el latín, el español, el alemán, el griego, el inglés, aparecen en su obra, oscureciendo todavía más su discurso.

También los tiempos verbales y las construcciones gramaticales están deformadas, convirtiendo cada verso en un verdadero laberinto, muchas veces sin salida.

Esta versión, como todas, es una aproximación a las Centurias, procurando respetar el ritmo y la música del poema y pretendiendo interpretar el espíritu del poeta.

Pero tengamos en cuenta otra dificultad que ofrece esta obra tan compleja: las Centurias están formadas por cuartetas, y cada una de ellas es portadora de una o varias profecías.

Este hecho nos obliga a un ejercicio diferente, mirar con los ojos de un autor que desea alertar sobre algo, mantener una mirada hacia el futuro desde un texto que tiene casi quinientos años.

Debajo de algunas de las cuartetas encontrarán los lectores una guía: una referencia histórica, un nombre, la mención de un lugar, una fecha; estos datos pretenden ayudar a entender la profecía, pero nunca son una información cerrada y confirmada.

Las profecías de Nostradamus abren permanentemente interrogantes, y nos obligan a releerlas y volver a interpretarlas.

Cada lector será un intérprete de sus mensajes.

Ese es el legado, la gran profecía de Nostradamus: cada uno es dueño de su propio destino, y entre todos construimos la historia. No hay hechos fatales escritos en papeles divinos.

Nostradamus nos alerta, nos dice que siempre estamos a tiempo para torcer la historia.

Carlos Sáez

CENTURIA
I

Una escasa luz brota de la soledad,
Me hace decir lo que no es irreal.
Peste, hambre, muerte a manos de los militares,
El siglo se aproxima a su renovación,
Las leyes se volverán inhumanas y huecas,
Bullicio, canto y batallas desde el cielo golpearán la
percepción,
Las bestias brutas hablarán,
La muerte envía cartas que nadie lee,
Lo que ningún hierro ni fuego pudo lograr,
La dulzura de la lengua lo hará en la asamblea.

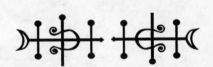

1

En la noche, sentado, en mi taller clandestino,
solitario, reposo sobre la silla de cobre:
una escasa luz brota de la soledad,
me hace decir lo que no es irreal.

2

La vara en la mano, situada en el centro de Branco,
con las ondulaciones moja el límite y el pie,
un espanto y una voz crecen por los débiles:
¡Fulgor divino! Dios se sienta a mi lado.

En estas dos primeras cuartetas, Nostradamus presenta el modo que utiliza para predecir hechos futuros. Parece emplear una vara como objeto adivinatorio.

3

Cuando el lecho del remolino se derrame,
y cubran los rostros con sus mantos,
la república por nuevos personajes será oprimida,
será entonces cuando blancos y rojos juzguen al revés.

Algunas interpretaciones asocian esta cuarteta a la Revolución Rusa de 1917.

4

Existirá un monarca en el universo,
no tendrá paz, ni larga vida,
entonces la barca de los pescadores naufragará,
y será guiada hacia el gran quebranto.

Si consideramos que Nostradamus habla de una barca, cuando quiere referirse a la Iglesia Católica, encontramos aquí una profecía: un solo gobernante, un rey o un político, manejará al mundo, e intentará torcer el destino y quitarle fuerzas a la Iglesia.

5

Serán atrapados para que se crucen en una larga batalla,
los más perjudicados serán los del país:
las pequeñas aldeas y las ciudades tendrán una gran disputa,
Carcasona y Narbona pondrán a prueba su corazón.

*Carcasona o Carcasonne es la capital del departamento
de Aude, a orillas del río de este nombre, y del canal del
Mediodía; Narbona, a orillas del canal de la Robine, también está ubicada en el departamento de Aude. Nostradamus profetiza la unión de las dos ciudades.*

6

Será depuesto el ojo de Ravena,
cuando a sus pies las alas fracasarán:
los dos de Bresse habrán construido,
Turín, Vercelli que los galos humillarán.

*En Ravena, ciudad italiana que fuera la capital del Im-
perio de Occidente, descansan los restos de Dante. Alguien
allí perderá su poder mientras los franceses recuperarán el
suyo.*

7

Tarde ha llegado, la ejecución consumada,
el viento opuesto, intercepta cartas en el camino,
conjurados XIIIJ de una secta,
mediante Rousseau curad las intenciones.

*Aparecen en esta referencia, asesinados por los bolchevi-
ques, Nicolás II y su familia, sus tres hijos, dos mujeres y
un varón, y su esposa, Alejandra Fedorovna.*

8

Cuántas veces han conquistado la ciudad solar,
las leyes se volverán inhumanas y huecas:
se aproxima tu mal. Pagarás más impuestos.
La gran Adria recorrerá tus venas.

La injusticia se adueñará del mundo y el mal nos dominará a todos, como en la antigua ciudad de Heliópolis.

9

Llegará desde el Oriente el corazón púnico,
para atacar a la Adria y a los herederos de Rómulo,
escoltado por la flota de Libia,
temblará Malta y las Islas próximas serán robadas.

Ubiquemos esta profecía durante la Segunda Guerra Mundial, cuando Mussolini entra en la contienda al lado de Hitler, y Haile Selassie retorna al reino de Etiopía, secundado por Inglaterra, con tropas formadas por indígenas, sudafricanos y británicos. Recordemos que había tenido que abandonar su país acompañado por toda su familia en 1936, cuando cesa la resistencia etíope frente a la invasión italiana a la Abisinia.

10

Se encierran las serpientes en la jaula de hierro,
donde los séptimos hijos del rey son prisioneros,
saldrán del infierno los viejos y los padres,
antes de morir verán muerto a su fruto y se desgañitarán.

Esta cuarteta parece hablar de algunos hechos terribles; la asocian a la época de Terror de la Revolución Francesa, pero ha habido tantos acontecimientos con características similares, que recorriendo la historia podemos referir la profecía a cualquiera de ellos.

11

En el movimiento de los sentidos, corazón, pies y manos,
acordarán Nápoles, Lyon, Sicilia,
espadas, fuego, agua, para los nobles Romanos,
herid, matad, morid por cerebro débil.

Para enfrentar al poder de la minoría dirigente italiana,
se reúnen en una confederación de ciudades.

12

Dentro de poco tiempo la guadaña amputará al brutal y
                                                    al frágil,
desde abajo hacia arriba sin dudas elevada.
Un instante después siendo infiel y débil,
quien de Verona será el gobierno.

Revolución en la primera mitad del siglo XIX en Italia.

13

Los exiliados por la ira y el odio intestino,
contra el rey se conjugarán,
por la cara descubrirán secretamente a los enemigos,
y sus ancianos contra ellos se sublevarán.

Tantos exiliados y perseguidos a través de la historia ha
habido, que, en esta cuarteta, Nostradamus puede referirse
a cualquiera de ellos.

14

Canciones, cantos y plegarias de los esclavos,
en prisiones encerrados por príncipes y señores,
en el porvenir por idiotas sin cabeza
serán recibidos por divinas oraciones.

Cuarteta que profetiza sobre la Revolución Rusa.

15

Marte nos amenaza con la fuerza bélica,
setenta veces será la sangre derramada,
será la ruina del clero,
y también de aquellos que no quieran comprometerse.

Setenta guerras enfrentarán a muchos pueblos. Dañarán a la Iglesia y todos serán perjudicados, hasta los que no quieran saber nada de los hechos.

16

Hacia Sagitario la hoz señala desde el estanque
en el más alto auge de la exaltación,
peste, hambre, muerte a manos de los militares,
el siglo se aproxima a su renovación.

Profecía para el fin del siglo, finales del año 2000.

17

Por cuarenta años no se dejará ver el arco iris,
por cuarenta años lo veremos todos los días,
crecerá la sequedad en las tierras áridas,
y los grandes diluvios serán sufridos.

Profecía sobre los grandes cambios climáticos.

18

Por la discorde negligencia gala,
serán abiertas las puertas a Mahoma:
la tierra y el mar del Sena serán regados por sangre,
el puerto Focense de velas y de naves se cubrirá.

Cuando Francia apoya la suspensión de las elecciones en Argelia, en 1993, el integrismo musulmán intensifica sus acciones violentas.

19

Cuando las serpientes caminen por el cielo,
la sangre troyana será vejada por las Españas,
en nombre de ellas muchos morirán,
en mares de sangre seguirá oculto el jefe.

La legión Cóndor bombardea Guernica.

20

Tours, Orleans, Blois, Angers, Reims y Nantes,
ciudades tiranizadas por un cambio repentino,
extraños idiomas levantarán sus tiendas,
ríos, dársenas, Rennes, tierra y mar trepidarán.

Una gran cantidad de magrebinos llega Francia.

21

La roca se alimenta con profunda arcilla blanca,
desde un abismo brotará lacticinosa,
en vano, los alterados no se atreverán a tocarla,
mientras ignoran que en el fondo hay tierra arcillosa.

En esta cuarteta aparecen predicciones sobre utilización de recursos naturales y obtención de energía.

22

Lo que vive sin sentido
mata su artificio,
Autun, Chalons, Langres y Sens,
el granizo y el hielo harán el gran maleficio.

Alerta por las calamidades climáticas.

23

Al tercer mes en la salida del sol,
Jabalí Leopardo va a luchar al campo de Marte,
Leopardo cansado guía su mirada hacia el cielo,
Y observa alrededor del sol a un águila combatiendo.

*Decodifiquemos los versos de esta cuarteta: el jabalí pue-
de representar a Europa, el leopardo al África negra, el jabalí leopardo probablemente simbolice a una Europa ya islamizada, el águila puede ser Estados Unidos. Se anuncia un
conflicto bélico entre una Europa islamizada y el África negra, debilitada, que busca en Estados Unidos un aliado.*

24

En una ciudad nueva, piensa para condenar,
se ofrenda al cielo el ave de presa:
perdona a los prisioneros luego de la victoria,
Cremona y Mantua habrán sufrido grandes perjuicios.

*Probable referencia al juicio de Nuremberg, y sus leves con-
denas.*

25

Perdido, fue hallado nuevamente luego de estar oculto
                                                 largo tiempo,
el pastor como un semidiós recibirá honores:
antes del fin del gran ciclo de la Luna,
por otros vientos será deshonrado.

*Cuando Nostradamus dice "pastor", lo dice en francés,
pronuncia "pasteur", por eso muchos leen en estos versos los
descubrimientos científicos de Louis Pasteur, que lo convier-
ten en un semidiós.*

26

En la hora diurna cae el gran rayo.
El mal fue presagiado por un mensajero:
de acuerdo con el anuncio, caen en la hora nocturna,
un conflicto en Reims y Londres; y la peste en Etruria.

No queda claro el significado de esta profecía. Cuando Nostradamus habla de Etruria puede estar nombrando al reino creado por Napoleón Bonaparte, cedido en 1801 al príncipe heredero Luis de Parma; o a la antigua región de Italia poblada por los etruscos; o a la localidad sudamericana ubicada en la República Argentina, en la provincia de Córdoba, en el departamento de Gral. San Martín. Tres opciones claramente diferenciadas que nos remiten a profecías totalmente distintas.

27

Bajo los montes de Guinea, herido desde el cielo,
no lejos de allí ocultaron al tesoro,
durante siglos ha permanecido oculto,
quien lo encuentre morirá con el ojo arrancado como
un resorte.

En África Occidental, ha sido encontrado, en estado fósil, un reactor nuclear de origen natural.

28

La torre de Bouc tendrá terror del leño bárbaro,
un tiempo, mucho tiempo después, temerá la barca
hespérica,
ambos les provocarán grandes daños al ganado, a la
gente, a los muebles.
Tauro y Libra, ¿qué mortal odio tendrán?

La barca hespérica es el mundo occidental, el leño bárbaro es el mundo oriental.

29

Cuando el pez terrestre y acuático
sea lanzado a la arena por una fuerte ola,
su extraña forma, suave y horrorosa,
llegará veloz por mar a los muros enemigos.

Vehículos anfibios llegan a Normandía y producen el desembarco de los aliados.

30

Por una tormenta marina, la rara nave
atracará cerca de un puerto ignoto:
a pesar de los signos de las hojas de la palmera,
después de la muerte admite un buen consejo.

Pensemos en la época en que Nostradamus escribió esta bella cuarteta, las noticias de los viajes a América llegan a Europa, Magallanes y Elcano ya han dado la vuelta al mundo, Cortés conquistó México, ya ha llegado la primera importación de chocolate al viejo continente; las naves raras llegaban a puertos ignotos con restos de palmeras, la muerte era el acompañante inevitable de esos intrépidos viajeros. Más que una profecía parece una descripción de algo que ha conocido.

31

Las guerras durarán muchos años en Galia,
contra los deseos del monarca castellano,
tres grandes coronarán una victoria incierta,
Águila, Gallo, Luna, León, signos del Sol.

Esta profecía habla de interminables guerras en Francia (gallo), del rey de España, de Estados Unidos o Alemania (águila), de los musulmanes (luna), de Inglaterra (león), de Japón (signos de sol). Se describen hechos futuros pero no se dan referencias cronológicas que nos permitan ubicarlos en el tiempo.

32

Será trasladado el gran Imperio
a un pequeño lugar que crecerá,
un condado insignificante,
su cetro será colocado en el centro.

*Napoleón Bonaparte funda un breve reinado, luego de
su exilio en la Isla de Elba.*

33

En un gran puente, cerca de una vasta llanura,
el gran León, por las fuerzas del César,
peleará en las afueras de la severa ciudad,
le cerrarán las puertas por miedo.

*También se asocia esta cuarteta a la campaña napoleó-
nica, aunque no hay certezas sobre la profecía.*

34

Vuela hacia la ventana un ave de presa
y aparece frente a los franceses antes del conflicto,
para uno será un buen augurio; ambiguo y siniestro

para otro;
la parte débil lo tendrá por buen presagio.

*El expansionismo alemán, con Hitler a la cabeza, mos-
tró una débil posición francesa frente a los hechos. Muchos
asocian esta cuarteta a esa actitud.*

35

El joven león someterá al viejo,
en el campo de batalla por un singular duelo,
le sacará los ojos de la jaula de oro,
en dos combates uno morirá con una muerte cruel.

*Es ésta, la profecía que hizo célebre a Nostradamus en
su tiempo, había vaticinado la muerte del rey Enrique II en*

un combate y acertó. *El Conde de Montgomery, más joven que el soberano, se enfrentó con él en un torneo. En el campo tuvieron un duelo con lanza, una astilla atravesó el yelmo del rey y se incrustó en uno de sus ojos. Esta herida le causó la muerte. Aquí también debemos leer la obra de alguien influyente en los círculos del poder. Michel de Notredame advierte a Enrique II de los peligros de enfrentarse en duelos a lanza con contrincantes más jóvenes. No sólo profetiza, sino que se da cuenta de algo, informa a la persona involucrada y previene sobre lo que pudiera suceder.*

36

El rey se arrepentirá
de no haber matado a su enemigo
pero después consentirá muchas cosas más,
y matará a todos los de su sangre.

Napoleón tuvo una estrecha relación con el líder de Haití Toussaint – Louverture.

37

Un poco antes de que se ponga el Sol
provocará un conflicto, un gran pueblo que dudará,
no responde el puerto del mar,
puente y sepulcro en dos raros países.

Han querido asociar caprichosamente esta cuarteta al bombardeo japonés sobre Pearl Harbor, 1941 , pero los indicios que nos dan estos versos desmienten esa interpretación.

38

Se presentarán ante el vencedor el Sol y el Águila,
al vencido se le garantiza una respuesta hueca,
no pararán a las armaduras ni cuerpos ni gritos,
será lograda la paz, seguida por la muerte.

Waterloo.

39

De noche, en la cama, estrangulan al supremo,
por haber echado a perder al blondo predestinado.
Por tres el imperio se desangra,
la muerte envía cartas que nadie lee.

Bellos versos que no han sido asociados todavía a ningún suceso. Son claras las referencias a la caída de un Imperio y al asesinato de un jefe de gobierno. ¿Un nuevo magnicidio en Estados Unidos llevará al Imperio norteamericano a su fin?

40

El tifón falaz disimulando la locura
alterará las leyes en Bizancio,
Histra de Egipto que no quiere obedecer el mandato
cambiará la moneda y las banderas.

Egipto no quiere la victoria del islamismo fundamentalista en Turquía.

41

La ciudad sitiada es asaltada en la noche,
algunos escapan, no lejos de la batalla del mar,
flaquea una mujer por el regreso del hijo,
hay veneno en la carta, en el sobre cerrado que abrirán
algún día.

Cuarteta no descifrada. Han realizado diferentes interpretaciones de estos versos, ninguna válida.

42

La décima Calenda de Abril, de factura gótica,
nuevamente resucitada por gente maligna,
apagado el fuego, en asamblea diabólica,
inquiriendo los huesos de Miguel Psellos.

Miguel Psellos era un mago negro bizantino que adivinaba el futuro invocando a los muertos: se celebra un aquelarre bajo su influjo. Nostradamus describe la ceremonia.

43

Antes de que llegue el cambio del imperio
sucederá un hecho maravilloso,
el campo mudará, y el discípulo de Porfirio
transmutará sobre el árido peñasco.

Porfirio fue un filósofo neoplatónico nacido en Tiro y fallecido en Roma (232 − 304). Se distinguió por sus ataques al cristianismo. Fue discípulo de Plotino. Un imperio caerá cuando el anticristianismo reaparezca.

44

Dentro de poco tiempo volverán los sacrificios,
habrá martirio para los opositores,
ya no existirán más monjes, abades ni novicios.
La miel será más cara que la cera.

Previene sobre una nueva persecución a los cristianos.

45

Sectario de sectas, tendrá una gran pena el delator,
bestia teatral, dispuesta para el juego escénico,
será famoso por haber inventado estos hechos injustos,
con las sectas el mundo se convertirá en confuso y cismático.

Martín Lutero aparece en estos versos criticado por Nostradamus.

46

Cerca de Auch, de Lectoure y Mirande,
durante tres noches lloverá fuego del cielo,
sucederán acontecimientos asombrosos,
poco tiempo después la tierra temblará.

*Se asoció esta profecía a una posible lluvia de meteoritos,
o a un bombardeo aéreo de características inusuales.*

47

Serán desagradables los sermones del lago Lemán,
los días serán reducidos a semanas,
después a meses, después a años, luego todos desfallecerán,
los magistrados condenarán sus leyes inútiles.

*Ginebra es una ciudad situada a orillas del lago Lemán,
probablemente esta profecía habla de la revisión de las convenciones de Ginebra.*

48

Han pasado veinte años del reino de la Luna,
otro tendrá su monarquía por siete mil años,
cuando el Sol revise sus jornadas agotadoras,
será cumplida y consumada mi profecía.

*Nostradamus habla del fin de un mundo. Tiene esta
cuarteta variadas interpretaciones.*

49

Mucho antes de que suceda,
los de Oriente por la virtud lunar:
en el mil setecientos provocarán grandes mudanzas,
sometiendo al rincón del Aquilón.

En el año 1699, se firma el tratado de Carlowitz, y comienza el fin del expansionismo otomano.

50

De la acuática triplicidad nacerá
quien tendrá al Jueves por su día de fiesta,
crecerá su fama, será loado, crecerá su reino y su poder,
por tierra y mar en Oriente levantará tempestad.

En Estados Unidos se celebra el día de Acción de Gracias el cuarto jueves de Noviembre. Estos versos profetizan su nacimiento.

51

Jefes de Aries, Júpiter y Saturno,
Dios eterno, ¿qué cambios sucederán?
Luego de largo ciclo volverán los malos tiempos,
Francia e Italia, ¿qué mutaciones?

Vendrán épocas agitadas en Francia e Italia, que precederán grandes cambios.

52

Los dos malditos de Escorpio se unen,
el gran señor es asesinado en la sala:
peste en la Iglesia por el nuevo Rey,
de la baja Europa y Septentrional.

Pone en peligro a la Iglesia, desde un lugar de poder, un supuesto católico.

53

Un gran pueblo puede ser atormentado
y la ley santa puede padecer la ruina total.
Toda la Cristiandad se alterará por otras leyes,
cuando halle nuevas minas de oro y plata.

La ambición material traerá problemas a la Iglesia.

54

El astuto que esgrime la hoz incitará dos revueltas,
de reinos y de siglos habrá metamorfosis,
el signo inestable encontrará su lugar,
hacia los dos iguales se inclinará.

Dos Revoluciones Rusas, 1905 y 1917.

55

En el contradictorio clima babilónico
sucederá un gran derramamiento de sangre,
serán injustos la tierra y el mar, el aire y el cielo,
las sectas traerán hambre, habrá pestes y confusión.

La larga guerra entre Irán e Irak no tuvo vencedores, los dos bandos fueron vencidos.

56

Verán grandes cambios,
horrores extremos y persecuciones:
ante la Luna conducida por su ángel
el cielo se inclina.

Aparece nuevamente la Luna, símbolo del Islam, asociada a grandes cambios.

57

Sonarán las trompetas por las grandes desavenencias,
romperán los acuerdos con la cabeza elevada,
la boca sangrante en sangre nadará,
el rostro untado con leche y miel besará el piso.

Luis XVI es guillotinado en la Revolución Francesa.

58

Del rasgado vientre nacerá con dos cabezas
y cuatro brazos; ¿cuántos años vivirá?,
en el día de las fiestas de Aquilea celebrará,
Fossen, Turín, seguirá el jefe Ferrara.

Esta hermética cuarteta habla del nacimiento de un monstruo en Italia.

59

Los exiliados serán deportados a las Islas,
en el cambio por un rey más cruel,
serán ajusticiados e incinerados en grandes piras,
no han sido moderados con su idioma.

Se ha asociado esta profecía al genocidio nazi; cuando habla del idioma, se refiere al yiddish, la lengua judeo-germana.

60

Cerca de Italia nacerá un Emperador,
que al Imperio será vendido muy caro,
dirán que con la gente se mezcla,
será estimado menos príncipe que carnicero.

Napoleón nació en Córcega.

61

La república miserable e infeliz
será devastada por el nuevo juez,
una gran aglomeración de maldecidos por el exilio,
hará que Suavia se lleve el gran contrato.

Referencia a las conflictivas negociaciones entre Alemania y Francia en los comienzos del siglo XIX.

62

Las letras sufrirán una gran pérdida
antes de que el cielo de Latona se perfeccione,
el gran diluvio por cetros ignorantes sucedió,
que por un largo siglo no se volverá a ver.

Latona es la versión romana de la diosa griega Leto, hija del titán Ceos, según Hesíodo, madre de Apolo y Artemisa o Diana. Nostradamus nos entrega algunas claves astrológicas para prevenirnos de un cataclismo no determinado, que sucederá en un tiempo indefinido.

63

Las flores pasadas encogen al mundo,
habrá un largo tiempo de paz en las tierras deshabitadas,
marcharán por aire, tierra y mar,
y luego las guerras resucitarán.

Luego de un bombardeo nuclear, vendrá la paz de los sepulcros, pero las guerras volverán después de una tregua.

64

Creerán haber visto en la noche al Sol,
cuando el puerco medio hombre se deje ver,
bullicio, canto y batallas desde el cielo golpearán la
                                    percepción,
y las bestias brutas hablarán.

Guerras mediáticas, efectos especiales, y los estúpidos que hablan y gobiernan al mundo.

65

Un niño sin manos jamás verá un rayo más grande,
el infante de la casa Real será herido en el campo de los
juegos,
quebrado en el pozo que hizo el fulgor sobre la tierra,
tres bajo las cadenas son enlazados por la mitad.

Durante la Revolución Francesa, el juramento en el frontón de pelota, Jeu de Paume.

66

El que portará las noticias
luego vendrá a respirar,
Viviers, Tournon, Montferrant y Pradelles,
granizo y tempestad le harán suspirar.

Las noticias de la Revolución Francesa llegan a todas partes.

67

Siento que llega la gran hambruna,
retornará siempre y será universal,
será tan grande y prolongada que logrará arrancar
a las raíces del árbol y a los niños de los pechos que los
amamantan.

Este fin de siglo con grandes diferencias sociales, y dos tercios de los habitantes del mundo sumergidos en la marginalidad, confirman la profecía de la hambruna universal.

68

¡Qué horrible e infeliz tormento!
Tres inocentes perderán la libertad,
veneno sospechoso, no fueron vigilados los traidores,
llevados hacia al horror por verdugos borrachos.

Nostradamus predice injustas condenas.

69

La gran montaña de los siete estadios,
después de la paz, el hambre y las inundaciones,
llegará lejos aplastando grandes extensiones,
también las antiguas y las de fundación trascendente.

Vuelve la profecía de la hambruna y las grandes diferencias económicas y sociales.

70

Llueve, hay hambre, y la guerra en Persia no termina,
demasiada fe traicionará al rey,
termina allí lo que comenzó en la Galia,
un secreto profeta en un parque apartado.

El Ayatolá Jomeini espera en Francia, en un sitio alejado, para entrar en acción.

El Sha de Persia paga cara su excesiva confianza en la occidentalización del país.

71

La torre Marina tres veces tomada y reconquistada,
por Españoles, por Bárbaros, por Ligures,
Marsella y Aix, Arlés por los de Pisa,
robo, fuego, hierro, Aviñón de los Turineses.

Profetiza Nostradamus sobre un conflicto bélico entre Italia y Francia.

72

De Marsella se mudarán los habitantes,
correrán y serán perseguidos hasta cerca de Lyon,
Narbona y Toulousse serán ultrajados por Burdeos.
Casi un millón de asesinados y prisioneros.

Profecía sobre una época de horror y persecución en Francia.

73

Francia, por negligencia, está cercada por cinco frentes,
Túnez y Argel atacadas por persas:
León, Sevilla, Barcelona, sucumbirán,
Y no existirá el ejército de Venecia.

*Desde Persia atacan a Francia por cinco de los seis lados
del hexágono.*

74

Luego de una parada navegarán hacia Epiro,
el gran socorro viajará hacia Antioquía,
el pelo crespo negro señalará hacia el Imperio,
la barba de bronce se tostará en el asador.

*Epiro es una región de Grecia, junto al Mar Jónico. An-
tioquía es una ciudad del sur de Turquía, a orillas del Río
Orontes, cerca del Mediterráneo; llegó a competir en gran-
deza con la misma Roma. Fue el lugar donde se formó la
primera comunidad de cristianos fuera de Palestina. Estuvo
Antioquía en manos de los musulmanes en el 638, en manos de los cruzados en el 1098, y en poder, nuevamente,
de los árabes desde 1268. Por asociación se llama epirogé-
nicos a los movimientos de levantamiento y hundimiento de
los continentes.*

*Antioquia es también una de las más ricas y conflictivas
regiones colombianas.*

*Esta cuarteta nos habla de un camino, de un pedido de
ayuda, de un Imperio, y de humo.*

Algunos asocian la profecía al narcotráfico.

75

El tirano de Syene ocupará Savona,
el poderoso ganador tendrá una flota,
los dos ejércitos marcharán hacia Ancona
donde el jefe se examina por temor.

El nombre en jeroglífico de la ciudad de Assuán, en el alto Egipto, a orillas del Nilo, es Su-An. Los griegos lo convirtieron en Syene; desde allí, nos dice Nostradamus, llegará el tirano hasta Francia.

76

Por un nombre cruel alguien será conocido,
que las tres hermanas se nombrarán Destino,
después intentará un gran pueblo por su idioma y por
sus actos
tener más fama y gloria que cualquier otro.

77

Entre dos mares se erigirá un promontorio,
que después morirá por la mordedura de un caballo,
Neptuno, el vanidoso, plegará su vela negra,
por Calpre llegará una flota hasta las cercanías de Rocheval.

En 1805, se libró una batalla naval frente al cabo de Trafalgar, entre los británicos y la flota franco — española.

78

De un anciano jefe nacerá una mente necia,
que degenerará por el saber y por las armas:
al jefe de Francia le tendrá miedo su hermana,
campo dividido, concedido a los gendarmes.

A Luis XV lo sucede el fluctuante Luis XVI.

79

Bazas, Lectoure, Condom, Auch, Agine,
gracias a las leyes, a las querellas y al monopolio,
convertirán en ruinas a Burdeos, Toulouse y Bayona,
y conseguirán renovarse.

Las ciudades nombradas por Nostradamus en primer término se convirtieron en centros industriales y desplazaron a las poderosas zonas agrícolas y ganaderas.

80

Del sexto claro resplandor celeste,
vendrá a tronar con fuerza en Borgoña,
después nacerá la bestia del odio,
en Marzo, Abril, Mayo y Junio sucederán la destrucción
                          y las decapitaciones.

Nostradamus describe desde la astrología una catástrofe que ocurrirá en Borgoña.

81

De la multitud de humanos, nueve serán apartados,
separados por un juicio y ante un tribunal,
su fuerza será dividida en partes,
Kappa, Theta, Lambda, muertos, desterrados, disgregados.

82

Cuando tiemblen las columnas del gran bosque,
de conducta austera, cubierto de carmín,
quedará vacía la gran asamblea,
temblarán Viena y el país de Austria.

Alemania anexa Austria.

83

Gente rara dividirá sus botines,
Saturno en Marte observará furioso,
un ser horrible extraño para los toscanos y los latinos,
los griegos se sorprenderán.

Llegan extranjeros masivamente a los países mediterráneos.

84

La luna se oscurecerá en las profundas tinieblas,
su hermano tiene el color del hierro,
mucho tiempo estuvo escondido bajo las tinieblas,
temblará el hierro sobre la pradera sangrienta.

Un eclipse de luna anunciará la llegada de un caudillo.

85

Tras la respuesta de la Dama el Rey se perturbará,
despreciarán sus vidas los embajadores,
imitará a sus hermanos el mayor,
dos morirán, por ira, odio y envidia.

El primero de los versos se lo asoció a la abdicación de Eduardo VIII de Inglaterra.
Los dos últimos, a los asesinatos de John y Robert Kennedy.

86

Cuando la gran reina se sienta vencida
exhibirá un excesivo coraje masculino,
sobre un caballo atravesará desnuda el río,
ultrajará la fe con su hierro.

La Dama de Hierro, Margaret Thatcher, cuando se sentía acorralada políticamente, participó activamente en la Guerra de las Malvinas.

87

El fuego del centro de la tierra,
hará temblar los alrededores de la ciudad nueva,
dos grandes rocas provocarán una larga guerra,
luego Aretusa enrojecerá al río nuevo.

Una guerra entre colosos.

88

El gran Príncipe será sorprendido por el mal divino,
se casará, un poco antes, con una mujer,
se debilitarán sus créditos y su apoyo,
morirá el concilio por la cabeza rapada.

La boda entre María Luisa de Austria y Napoleón.

89

Estarán en la Moselle todos los de Lérida,
matando a los de Loire y Sena,
el acoso marino vendrá con las velas altas
cuando los españoles tajen todas las venas.

Un enfrentamiento entre franceses y españoles.

90

Burdeos, Poitiers al son de la campaña,
con una gran flota navegarán hasta Angón,
contra los franceses será su vanidad,
cuando un monstruo de odio nazca cerca de Orgón.

Una guerra en Francia.

91

Aparecerán los dioses frente a los humanos,
que provocarán una guerra,
y el cielo sereno expondrá su espada y su lanza,
será más grande la pena en la mano izquierda.

El Ángel del Apocalipsis.

92

Por todos lados la paz es aclamada,
pero no por mucho tiempo, porque habrá robo y rebelión,
por contradicciones de la ciudad, la tierra y el mar serán
reducidas,
muertos y capturados serán el tercio de un millón.

Prusia y Francia se enfrentan a principios del siglo XIX.

93

Temblará la tierra de Italia cercana a los montes,
el león y el gallo, no son aliados,
pero colaborarán uno con otro por miedo,
sólo Catulo y los celtas serán neutrales.

*Inglaterra (león) y Francia (gallo) forman una alianza
en la Segunda Guerra Mundial. La Confederación Helvé-
tica (Catulo nació en un lugar cercano a las actuales fronteras de Suiza) y el Eire (celtas) fueron neutrales.*

94

En el puerto, Selín, el tirano, encontrará la muerte,
la libertad no será recuperada,
el nuevo Marte por venganza y remordimiento,
ofrecerá honores a una dama a fuerza de terror.

La batalla de Lepanto, 1571.

95

En el frente de un Monasterio es encontrado un niño
gemelo,
de heroica sangre de monje y anciano,
será famoso por su idioma, su secta y su poderosa voz,
todos pedirán que sea elevado el gemelo.

Un gemelo será hallado y marcará destinos.

96

El que esté a cargo de la destrucción
cambiará por la fantasía a los templos y a las sectas,
dañará más a las piedras que a los seres vivos,
con su lengua adornará las orejas dominadas.

La Iglesia jaqueada.

97

Lo que ningún hierro ni fuego pudo lograr
la dulzura de la lengua lo hará en la asamblea,
en el reposo, un sueño hará meditar al rey,
el enemigo será el fuego y la sangre militar.

Nostradamus aconseja la acción pacificadora.

98

El jefe que habrá conducido un pueblo infinito,
lejos de su cielo, de sus costumbres, en un lugar con
raro idioma,
cinco mil en Creta y Tesalia terminados,
el jefe huye, estará seguro en la granja marina.

Napoleón en la isla de Santa Elena, después de Waterloo.

99

El gran monarca estará acompañado
por dos reyes unidos por amistad,
¡cuántos suspiros nos dejan los que los siguen!,
niños, que haya piedad en las cercanías de Narbona.

100

Será visto por largo tiempo en el cielo un pájaro gris,
cerca de Dole y de la tierra de Toscana,
lleva en el pico un ramo verde,
será entonces cuando un grande morirá y la guerra
                                           terminará.

Roosevelt, el presidente de los Estados Unidos, muere pocas semanas antes de la finalización de la Segunda Guerra Mundial.

CENTURIA
II

El águila empuja desde los pabellones
Pero será ahuyentada por otros pájaros cercanos,
Luego del gran cambio humano vendrá otro mayor,
El gran motor renueva los siglos,
El enemigo grande y viejo muere envenenado,
Infinidad de privilegiados se rinden,
Será tan difícil para algunos conseguir trigo
Que los hombres devorarán a otros hombres,
La presa con hambre convierte al lobo en prisionero,
No podrá escapar el grande rodeado por los oprimidos.

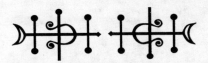

1

Por las Islas Británicas hacia Aquitania,
se realizan grandes viajes:
lluvias, heladas, volverán ignominiosas a las tierras,
Puerto Selín hará fuertes invasiones.

Los aliados desembarcan en Normandía.

2

La cabeza azul hará la cabeza blanca,
Francia ha hecho tanto mal como bien,
habrá una muerte en la antena, y en la rama un gran
ahorcado,
cuando un Rey atrapado por los suyos pueda decir:
¿cuánto?

El cadáver de Mussolini quedó expuesto en una plaza
de Milán colgado de los pies. La monarquía italiana fue
abolida poco tiempo después.

3

Por el calor del sol sobre el mar,
los peces medio cocidos sobre el puente negro,
los habitantes llegarán destruidos
cuando Rodas y Génova necesiten galletas.

Erupciones volcánicas en el Mediterráneo.

4

Desde Mónaco hasta más allá de Sicilia,
quedará desolada la playa,
no existirá barrio, ni ciudad, ni villa,
que los bárbaros no saqueen.

Europa será invadida.

5

Desde un pez, desde el hierro y desde una carta,
brotará el que luego hará la guerra,
tendrá bien preparada su flota marina,
y surgirá cerca de tierra latina.

Submarinos en Sudamérica.

6

Cerca de las puertas y dentro de dos ciudades,
sucederán dos calamidades nunca antes conocidas,
hambre, pestes, y gente arrojada por la espalda,
al gran Dios inmortal le demandarán ayuda.

Nagasaki y Hiroshima atacadas con bombas atómicas.

7

Muchos serán deportados a las islas,
alguien nacerá con dos dientes en la garganta,
morirán de hambre, los árboles zozobrarán,
un nuevo Rey dictará nuevas leyes.

8

Templos sagrados en el primero de los senderos romanos,
rechazarán los fundamentos devastados,
cumpliendo sus primeras leyes humanas,
y cazando a los adoradores de los santos.

Reforma protestante.

9

El reino disfrutará de nueve años de paz,
después sentirá sed de sangre,
y será asesinado un gran pueblo sin fe ni ley
por otro mucho más bondadoso.

10

Todo se solucionará en poco tiempo,
nos espera un siglo más siniestro,
el estado de las máscaras y los solos mudará,
pocos serán los que quieran conservar su jerarquía.

Algunos asocian estas dos cuartetas a Luis XVI y sus primeros años de reinado, luego violentamente interrumpidos por la Revolución.

11

Vendrá el próximo hijo del mayor,
se elevará hacia el reino de los fuertes,
por su gloria áspera todos le temerán,
pero sus hijos serán expulsados del reino.

Charles Marie Bonaparte es el padre de Napoleón Bonaparte; esta cuarteta habla de ellos dos.

12

Por una antigua fantasía se abrirán los ojos cerrados,
el hábito de los solitarios será deshecho,
el gran rey castigará su frenesí,
sobre todo por robar el tesoro de los templos.

13

El cuerpo sin alma no se consentirá en el sacrificio,
la jornada de la muerte se transformará en Navidad,
el espíritu divino hará feliz al alma,
vigilando al verbo en su eternidad.

14

Ojos penetrantes estarán en guardia en Tours y Gien,
descubrirán de lejos a la gran reina,
ingresarán en el puerto, ella y su séquito,
luego de batallas serán echados del poder.

Las relaciones de Catalina de Médicis, ferviente admiradora del trabajo de Nostradamus, con católicos y hugonotes.

15

Un poco antes del asesinato del monarca,
Cástor y Pólux y un cometa surge en el cielo
será vaciado el erario público por tierra y por mar,
Pisa, Asti, Ferrara, Turín, serán tierras interdictas.

16

Nápoles, Palermo, Sicilia, Siracusa,
nuevos tiranos, brillantes fuegos celestes,
poder de Londres, Gante, Bruselas y Susa,
gran hecatombe, triunfo y fiestas.

En el final de la Segunda Guerra Mundial los aliados liberan a Italia.

17

El campo del templo de la virgen vestal,
no alejado de Ethene y de los Pirineos,
el gran conducto está escondido dentro del macho,
ríos desbordados en el norte y vinos arruinados.

Una gran inundación.

18

La nueva lluvia, súbita, impetuosa,
separará repentinamente a las dos partes:
piedras, cielo, fuego, crearán un mar de piedra,
la muerte de siete ocurrirá repentinamente por tierra y
por mar.

19

Los recién llegados edificarán un bastión sin defensa,
ocuparán el lugar hasta entonces inhabitable,
prados, casas, villas, campos, serán habitadas con placer,
hambre, peste, guerra, y luego largos campos cultivados.

El pueblo judío regresa a Palestina.

20

Hermanos y hermanas que están prisioneros en distintos
lugares,
pasarán cerca del rey,
si contemplamos atentamente sus facciones
desagradará observar el mentón, la frente, la nariz, las
marcas.

21

El embajador arribó en una nave,
los desconocidos, en la mitad del camino, expresaron su
repulsión,
en su ayuda aparecieron cuatro naves más grandes,
han cargado sogas y cadenas en el Puente Negro.

Dos profecías apocalípticas.

22

El campo Ascop de Europa partirá,
y se aproximará a la Isla sumergida,
un ejército de Artón llegará,
el ombligo del mundo será relevado por la voz más grande.

La Atlántida, el continente sumergido.

23

Palacios, pájaros humillados por otros pájaros,
mucho después de la llegada del príncipe,
tantas veces el enemigo fue repelido más allá del río,
en apariencia, han asido el vuelo sostenido del pájaro.

24

Nadarán las bestias feroces de hambre,
la mayor parte del campo estará en contra de Hister,
el grande lo hará arrastrar en una jaula de hierro,
cuando nada vean los hijos de Alemania.

Adolf Hitler y su final en su búnker de Berlín.

25

La guardia extranjera traicionará la fortaleza,
esperanza y desasosiego en una unión,
la guardia será engañada y la fortaleza conquistada,
Loire, Saona, Ródano, Gar, ultrajados por la muerte.

26

Por el favor que la ciudad hará,
al grande que perderá pronto una batalla,
en el río Po Tesino derramará la sangre,
de los ahogados por el fuego, de los asesinados a golpes
de hacha.

Napoleón en el Río Po.

27

El verbo divino será arrebatado del cielo,
y no podrá actuar más adelante,
se mantendrá velado el secreto,
marchará por encima y por delante.

28

El penúltimo del nombre de profeta,
tomará a Diana para su día y su reposo,
lejos vagará por sus frenéticos pensamientos,
librando a un gran pueblo de sus impuestos.

Política y religión se ligan peligrosamente.

29

El oriental saldrá de su sitio,
cruzará los montes Apeninos y verá Francia,
atravesará el cielo, las aguas y la nieve,
y a cada uno castigará con su vara.

Europa invadida de Este a Oeste.

30

Uno de los dioses infernales de Aníbal,
será resucitado atemorizando a los humanos,
nunca se ha visto más grande horror,
desde Babel, no les ha ocurrido algo así a los romanos.

Otra vez Europa invadida.

31

En Campania, Casilino hará tanto
que no se verá otra cosa que campos cubiertos por agua,
antes y después habrá largos tiempos de sequía,
no se verá nada verde.

Una extensa sequía.

32

Lloverá leche, sangre, ranas, sobre Dalmacia,
una batalla librada, una peste cerca de Balennes,
el grito será inmenso por toda Eslavonia,
entonces nacerá un monstruo en Ravena.

33

Por el torrente que desciende de Verona,
cerca del sitio donde se cruza con el río Po,
sucederá un gran naufragio
cuando los genoveses viajen a su región.

34

La ira insensata del combate furioso
hará resplandecer la mesa de hierro de los hermanos,
uno de ellos, herido de muerte, los separará,
el duelo feroz dañará a Francia.

35

Dos casas, en la noche, serán devoradas por el fuego,
muchos moradores se ahogarán y se quemarán,
cerca de dos ríos sucederá,
el Sol, el Arco y Caper, todos serán dañados.

Catástrofe ocurrida en 1582 en la ciudad de Lyon.

36

Serán interceptadas las cartas del gran profeta,
en las manos del tirano descenderán,
traicionarán a su Rey sus empresas,
pero sus rapiñas se volverán contra él.

Napoleón y su uso de algunos poderes de la Iglesia.

37

A la multitud que será enviada
para ayudar a los sitiados en el fuerte,
la peste y el hambre los devorará,
a excepción de setenta que se salvarán.

38

Los condenados serán una multitud,
cuando los gobernantes se hayan reconciliado:
pero uno de ellos ofrecerá dificultades,
y la unión no durará demasiado.

*Hitler y Stalin firman un pacto de no agresión en 1939;
Alemania invade a la Unión Soviética dos años después y
viola el acuerdo.*

39

Un año antes del conflicto Italiano,
Germanos, Galos, Españoles, se unirán por el fuerte,
se derrumbará la casa de la república,
se ahogarán todos hasta la muerte, sólo se salvarán unos
pocos.

40

Un poco después,
por mar y por tierra sucederá un gran tumulto,
será mucho más grande la batalla marítima,
se enfrentarán con ferocidad, fuegos y animales.

41

Brillará por siete días la gran estrella,
la nube hará aparecer dos soles,
el gigantesco mastín aullará toda la noche,
cuando un gran pontífice cambiará de territorio.

Se asocia esta cuarteta a Juan Pablo II.

42

Gallos, perros y gatos se hartarán de la sangre
que beberán en la herida del tirano asesinado,
sobre la cama de otro, con los brazos y las piernas des
trozados,
no podía morir de muerte más cruel.

Tiranicidio.

43

Cuando todos puedan ver a la estrella con cabellera
los tres grandes príncipes se habrán enemistado,
heridos del cielo y de la paz harán temblar a la tierra,
Po, Tíber agitado, la serpiente está en el mismo borde.

Un cometa.

44

El águila empuja desde los pabellones,
pero será ahuyentada por otros pájaros cercanos:
cuando el sonido de los platillos, las flautas y los cascabeles
regresen la razón a la dama insensata.

*Los Estados Unidos (águila) es enfrentado por los países
latinoamericanos (pájaros cercanos).*

45

Llora el cielo por el Andrógino que ha creado,
en la bóveda celeste la sangre humana será derramada,
por una muerte tardía disfrutará un gran pueblo,
pero tarde o temprano llegará el socorro soñado.

46

Luego del gran cambio humano vendrá otro mayor,
el gran motor renueva los siglos,
lluvia, sangre, leche, hambre, hierro y peste,
se ve fuego en el cielo, como una extensa centella.

Luego del tránsito de un cometa, vendrán grandes cambios en el mundo.
Cambios en la vida de las personas.

47

El enemigo grande y viejo muere envenenado,
infinidad de privilegiados se rinden,
llueven piedras, ocultas bajo el vellocino,
se alegan artículos en vano, para eludir la muerte.

Una gran revolución hará que la riqueza se reparta de una manera más justa. Los ricos invocarán legalidades para protegerse, pero los que antes eran marginados no los perdonarán. Los abusos serán vengados.

48

Atravesará los montes el gran batallón,
Saturno en Sagitario, Piscis en Marte,
sobre la cabeza de los salmones estará el veneno escondido,
su jefe cuelga de una soga.

En el sentido de las dos profecías anteriores, habrá una invasión, y serán vengados los abusos. Los pobres invadirán la vida de los ricos.

49

Los asesores del primer monopolio,
los conquistadores seducidos por Malta:
Rodas, Bizancio, para ellos podrá expones su polo,
no habrá tierra para los perseguidos.

Atenas reemplazada por Malta.

50

Los de Hainault, Gante y Bruselas
verán el bloqueo de Langres,
detrás de sus frentes sucederán crueles guerras,
la antigua plaga será peor que los enemigos.

Holanda, Bélgica y Francia, destrozadas por la guerra.

51

La sangre del justo en Londres será necesaria,
serán incendiados veinte por el fuego tres veces seis,
caerá de un sitio alto la dama antigua,
los de la misma secta serán asesinados.

En 1666, estalla en gran incendio de Londres. Una imagen de la virgen cae al suelo en la catedral de San Pablo.

52

Temblará la tierra durante muchas noches,
dos esfuerzos continuos en primavera,
Corinto y Éfeso nadarán en ambos mares,
dos combatientes de fuste comenzarán una guerra.

En el comienzo del siglo XX, Turquía y Grecia provocan una guerra.

53

La gran plaga de la ciudad marítima,
no cesará hasta que la muerte sea vengada,
la justa sangre penada sin haber cometido un crimen,
de la gran dama sin hipocresía no será injuriada.

Luego de la muerte de Carlos I se despliega la peste en Londres.

54

Por gente extranjera alejada de los romanos,
la gran ciudad en las orillas será alterada,
la hija sin soberanía,
capturado el jefe, aterrorizado por las secuelas.

1941, Pearl Harbor.

55

Después de la lucha, el grande de poca importancia,
en el final, realizará algo maravilloso,
mientras Adria ve lo que le hace falta,
en el banquete apuñala al vanidoso.

56

No ha sabido adivinar ni peste ni espada,
muerto en la lluvia ha herido la bóveda celeste,
el Abad fallecerá cuando los vea caer en ruinas,
los del naufragio tendrán deseos de tomarse de los
obstáculos.

57

Antes de la batalla tumbarán a un grande
que morirá de modo repentino y sentido,
nadará la mayoría porque la nave será imperfecta,
junto al río, de sangre la tierra se teñirá.

58

Sin pie ni mano, diente fuerte y agudo,
en globo, entre el puerto y el primer nacido,
cerca del portal será abandonado por un traidor,
la luna brillará, pequeña, grande, y lo llevará con ella.

59

La flota francesa acudirá en la ayuda de la gran guardia,
del gran Neptuno y sus batalladores tridentes,
desgastada Provenza para sostener a la gran banda,
también Marte invadirá Narbona con lanzas y dardos.

Bombardeo de la Armada Francesa, anclada en Tolón.

60

La fe púnica se ha roto en Oriente,
el gran Jud y Ródano, Loyre y Tag cambiarán,
cuando en el mundo se acabe el hambre
la flota será derrotada, la sangre y los cuerpos nadarán.

*En algún momento el hambre desaparecerá de la tierra,
y los poderosos serán derrotados.*

61

Euge, Tamins, Gironda y la Rocgela.
Sangre troyana muerta en el puerto de la flecha.
Detrás del río se sostendrá en el fuerte la escalera,
dardos, fuego, muchas muertes en el sendero.

Enfrentamientos armados en Francia.

62

Mabus vendrá para morir poco tiempo después,
sucederá un horroroso aniquilamiento de gente y de bestias,
luego, sorpresivamente, la venganza se hallará,
cien, mano, sed, hambre, vendrán cuando el cometa pase.

63

Francia domina a Asón, tenuemente,
Pan, Marne y Sena se enfurecerán contra Perme,
los que construyan contra ellos un gran muro
perderán la vida.

64

Morirán de hambre, de sed los de Ginebra,
llegarán para desalentar una esperanza,
sobre un tembloroso puente nacerá la ley de Génova,
al gran puerto la flota no podrá ingresar.

Posibles relaciones entre Génova y Ginebra.

65

El parque se desliza hacia una terrible calamidad,
en Hesperia e Insubria,
el fuego en la nave traerá la peste y la esclavitud,
con Mercurio en Sagitario, Saturno se acabará.

Claves astrológicas presagiando catástrofes.

66

Por grandes peligros el prisionero huye,
en poco tiempo cambia su fortuna,
el pueblo queda prisionero en el palacio,
por un buen augurio la ciudad es cercada.

Últimos días de Napoleón.

67

Llegará para combatir el rubio de la nariz rapaz,
pero el duelo terminará con excluidos,
retornarán los exiliados,
en parajes marinos luego de la victoria de los más fuertes.

Revolución Inglesa.

68

Los esfuerzos del Aquilón serán grandes,
sobre el Océano será abierta la puerta,
el Reino en la Isla será restaurado,
temblará Londres por las velas avistadas.

Restablecen a Carlos II en el trono británico.

69

El Rey Galo por la Céltica diestra,
observando discordia en la gran Monarquía,
sobre las tres partes hará florecer su cetro,
contra la capa de la gran jerarquía.

Enrique II apoya el restablecimiento de Carlos II de Inglaterra.

70

El dardo del cielo dibujará su camino,
los muertos conversarán sobre la gran ejecución,
los árboles se volverán de piedra, y hasta los más
                              arrogantes se rendirán,
sonido humano monstruoso, purga, expiación.

Un ataque o un accidente nuclear.

71

Los exiliados llegarán a Sicilia,
para liberar del hambre a los extranjeros,
al amanecer los Celtas no los hallarán,
el Rey sucumbirá ante la razón y la vida se quedará para
                              siempre.

72

La armada Celta en Italia es vencida,
pelean en todas partes y padecen grandes pérdidas,
huyen los Romanos, ¡Galia repelida!,
cerca de Tesino, será incierta la pugna por el Rubicón.

73

En el lago Fucino, en las orillas de Benac,
cerca de Lemán en el puerto del Orguión,
nacido con tres brazos predicará una imagen bélica,
por tres coronas al gran Endimión.

*Endimión era un pastor griego al que Zeus le concedió el
don de dormirse para tener la juventud eterna. El fascismo
nació cerca del lago mencionado en el primero de los versos de
la cuarteta. Los tres brazos (Mussolini, Hitler, Franco) y las
tres coronas durmiendo sobre sus laureles para eternizarse.*

74

Arribarán desde Sens y desde Autun hasta el Ródano,
para pasar más allá de los montes Pirineos,
la gente saldrá de la comarca de Ancona,
por tierra y por mar muchos dejarán su rastro.

75

Se ha oído la voz de un pájaro insólito,
en espiral, sobre las sagradas escrituras:
será tan difícil para algunos conseguir trigo,
que los hombres devorarán a otros hombres.

*Habrá diferencias sociales tan hondas, que provocarán
hambre. Canibalismo, antropofagia, el hombre destruirá al
hombre.*

76

Un rayo en Borgoña traerá presagios maravillosos,
que nunca se podrán cumplir con ingenio,
de su senado sagrado ha brotado un hecho incierto,
hará conocer lo que sucede a sus enemigos.

Charles Maurice de Talleyrand.

77

Por arcos de fuego, y por el fuego mismo, y por el pez,
rechazados,
en la medianoche se oirán gritos y clamores,
en el interior de los muros devastados,
por las cloacas huirán los traidores.

La caída de la Comuna de París.

78

Neptuno el grande, en las profundidades del mar,
se mezcla con la gente Púnica y la sangre Gala,
hacia las islas rema lentamente por la sangre,
pero le hará daño el mal que ha ocultado.

79

Será un arma la barba negra y encrespada,
La gente cruel y feroz será dominada,
El gran Chiren librará de las cadenas
A todos los prisioneros desterrados por Selín.

Batalla de Lepanto.

80

Luego de la batalla, la elocuencia del lisiado,
por poco tiempo se convertirá en santo el reposo,
de ningún modo admitirán los grandes el rescate,
los enemigos se han reconciliado por propia voluntad.

Asocian esta cuarteta a los armisticios y acuerdos posteriores a la Primera Guerra Mundial.

81

Por el fuego del cielo la ciudad será incendiada,
la urna amenaza todavía a Deucalión,
Cerdeña será derrotada por los Púnicos,
luego de que Libra abandone su Faetón.

Cuando Zeus decide enviar un diluvio para exterminar a los hombres, Deucalión construye un arca, por consejo de su padre Prometeo, y se introduce en ella con su mujer Pirra. Luego de nueve días y nueve noches el arca se posa sobre el monte Parnaso y vuelven a poblar la tierra. Esta cuarteta con claves astrológicas habla de una gran inundación después de un ataque aéreo.

82

La presa con hambre, convierte al lobo en prisionero
cuando lo embiste con gran destreza,
el que nace tendrá frente a sí al postrero,
no podrá escapar el grande rodeado por los oprimidos.

Los que menos tienen someterán a los que han abusado de ellos. Otra vez profetiza Nostradamus desigualdades sociales y reacción popular.

83

El tráfico de un gran León que se ha transformado
en su mayor parte, en prístinas ruinas,
los soldados son capturados por pillaje,
en los montes del Jura y en la bruma de Suabia.

Decadencia industrial de Gran Bretaña.

84

Entre Campania, Sienne, Flora, Tuscia,
por seis meses y nueve días no lloverá ni una gota,
el raro idioma hablado en la tierra Dálmata,
arrasará la tierra toda.

Gran sequía y ataque desde los Balcanes.

85

Bajo el estatuto severo aparece la barba vieja y rasa,
el Águila Celta sobrevuela Lyon,
el pequeño grande persevera,
hay sonido de armas en el cielo, enrojece el mar de la
Liguria.

*Después del tratado de Versalles, batallas en el aire y en
el mar.*

86

Cerca del Mar Adriático la flota naufraga,
la tierra tiembla vencida por el aire en la tierra misma,
Egipto tiembla también por la multitud mahometana,
el mensajero que han enviado se rinde a gritos.

Napoleón en Egipto.

87

Después vendrá desde remotos países,
un príncipe Germano, sobre el trono de oro,
se encontrarán las aguas y la servidumbre,
la dama será sirvienta, ya no adorarán su tiempo.

*Con Jorge I llega la dinastía Hannover al trono de In-
glaterra.*

88

El circuito del gran acto de las ruinas,
el séptimo número será del quinto,
de un tercio más grande será el extranjero guerrero,
Mouton, Lutecia, Aix sin garantía.

El pacto de Varsovia es anulado.

89

Un día serán amigos los dos grandes maestros,
su gran poder se verá agigantado,
será próspera la tierra nueva,
al sanguinario le narrarán su número.

90

Por la vida y la muerte cambiará el Reino de Hungría,
la ley será más áspera que el servicio,
su gran ciudad se colmará de gritos y quejas,
Cástor y Pólux están enemistados en la contienda.

Hungría ocupada por los soviéticos en 1956.

91

En el sol naciente se verá un gran fuego,
estruendo y claridad se extienden hacia Aquilón,
dentro de la ronda de la muerte se oirán los gritos,
los espera el fuego, el hambre y la espada matadora.

Hiroshima y Nagasaki, otra posible referencia.

92

Fuego del color del oro en el cielo se verá desde la tierra,
por el hecho maravilloso un alto personaje se sorprenderá,
gran matanza humana: príncipe del gran sobrino,
los muertos del espectáculo escaparán del orgulloso.

93

Muy cerca del Tíber, camino a la Libitina,
Un poco antes de la gran inundación,
el jefe de la nave en la sentina será un prisionero,
castillos y palacios en llamas.

Roma contra el Papa.

94

El gran Po recibirá un gran daño de los Galos,
un error inútil del León del mar,
una multitud por la mar pasará,
no escapará un cuarto de millón.

95

Quedarán inhabitables los lugares poblados,
por los campos habrá una gran división,
reinos librados al gobierno de incapaces prudentes,
los hermanos mayores morirán.

96

Una antorcha arderá en el cielo y será vista de noche,
cerca del final y el comienzo del Ródano,
hambre y espada, muy tarde la ayuda llegará,
Persia volverá a invadir Macedonia.

Invasión islámica.

97

Pontífice de Roma, ten cuidado de aproximarte
a la ciudad por dos ríos regada,
tu sangre allí será escupida,
para ti y los tuyos cuando florezca la rosa.

Un aviso para el Papa.

98

El que tenga en el rostro el signo de la sangre
de la próxima víctima sacrificada,
teniendo en Leo al augur por presagio,
será asesinado por su novia.

99

El territorio Romano que interpretaba el augurio
será derrotado por los franceses,
pero la nación Celta se aterrorizará ante la hora,
Boreas conducirá muy lejos a la armada.

100

En las islas habrá horribles tumultos,
pronto no se oirá más que el sonido de la guerra,
tan grande será el ataque de los saqueadores,
que deberán integrarse en la gran liga.

CENTURIA
III

Provocarán el conflicto cerca de los
cuervos que se entretienen,
Vendrán falsos augures y serán
tenidos por altos profetas,
Cuando suceda el eclipse de sol,
En pleno día, el monstruo será visto,
De muchos modos será interpretado,
El mundo se aproxima al último período,
Dentro de quinientos años se lo tendrá en cuenta
Al que fue el ornato de su tiempo,
El árbol que estuvo por largo tiempo muerto y seco,
En una noche regresará para reverdecer.

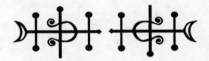

1

Después del combate, luego de la batalla naval,
el gran Neptuno observa desde su atalaya,
el rojo adversario palidecerá de terror,
llenando de miedo al gran Océano.

Batallas navales en un océano y un tiempo no definidos.

2

El Divino Verbo dará a la substancia
cielo, tierra y oro, disimulados en la leche mística,
cuerpo, alma y espíritu, desplegados con toda su potencia,
bajo sus pies y también en la residencia celestial.

Alquimia y mística aparecen en estos bellos versos.

3

Marte, Mercurio y la plata sucederán simultáneamente,
y viajarán hacia la exagerada sequía del sur,
en las profundidades del Asia temblará la tierra,
y se sorprenderán Corinto y Éfeso.

*Revelaciones astrológicas relacionadas a terremotos, que
provocan asociaciones caprichosas, en cada movimiento telúrico
que ocurre en Asia. Debemos repetir que Nostradamus convertido en astrólogo es un buen poeta, pero con pocos aciertos.*

4

Cuando se aproximen los vicios de la luna,
del uno a otro no habrá grandes distancias,
frío, sequía, peligros en la frontera
donde el oráculo ha comenzado.

5

Cerca de las imperfecciones de las grandes luminarias,
que sucederán entre Abril y Marzo,
¡Qué pobreza! Pero estarán los dos bondadosos,
y por tierra y por mar ayudarán por todas partes.

*Vuelve a relacionar eclipses con catástrofes, en las dos
cuartetas.*

6

En el templo cerrado entrará el fulminante,
los ciudadanos dentro de sus fortalezas se cansarán,
caballos, bueyes, hombres, las olas tocarán los muros,
los más débiles sólo tendrán hambre y sed a mano.

*Un refugio para proteger a los habitantes de un ataque
catastrófico.*

7

Los fugitivos con fuego y cielo en las picas
provocarán el conflicto cerca de los cuervos que se
                                                    entretienen,
desde la tierra, a gritos, reclaman socorro al cielo,
junto a los muros donde están los combatientes.

*Los que huyen y los que luchan se unirán para comba-
tir a los que juegan con su futuro.*

8

Los Cimbros unidos a sus vecinos,
a matar al pueblo vendrán a España,
gente congregada, Guyena y Lemosín
serán de la liga y los ayudarán en la campaña.

*Italianos y alemanes colaboran con Franco en España, en
la Guerra Civil, para aplastar a la resistencia republicana.*

9

Burdeos, Ruán y La Rochelle se unirán,
y dominarán los alrededores del gran mar del Océano,
Ingleses, Bretones y Flamencos enlazados,
los arrastrarán hasta las cercanías de Ruán

Flamencos y británicos acorralan a la flota francesa.

10

De sangre y hambre será la gran calamidad,
siete veces se acerca a la playa marina:
Mónaco será capturado por la esclavitud y la necesidad,
el grande será recluido en una jaula de hierro.

Desgracias presagiadas por Nostradamus para el lujoso Pincipado.

11

Durante una interminable estación las armas lucharán en
el cielo,
el árbol se tumbará en el centro de la ciudad,
tormentas, mugre, espadas, marcas del incendio en el rostro,
cuando sucumba el Rey de Adria.

12

Por las revueltas de Heb, Po, Tag, Tíber y Roma,
y por el lago Lemán y Aretino,
a los dos grandes jefes y ciudadanos de Garona,
los capturarán, serán muertos, serán ahogados. Dividirán
el botín humano.

13

Con un rayo en el arca fundirán el oro y la plata,
entre los dos prisioneros, uno devorará al otro,
el que viene de la ciudad más grande
nadará cuando la armada se hunda.

1815. Abdicación de Napoleón.

14

Desde la rama de un valiente personaje
de la Francia enclenque, por el padre infeliz:
honores, riquezas y trabajo recibirá en su avanzada edad,
por haber creído en los consejos de un hombre necio.

Luis Felipe, descendiente del hermano de Luis XIV.

15

Corazón, vigor, gloria, cambiarán al reino,
en todos los puntos se encontrará un adversario,
entonces en Francia asesinarán a los niños,
pero un gobernante tratará de impedirlo.

16

Un Príncipe Inglés tiene a Marte en su corazón celeste,
intentará conseguir una próspera fortuna,
de los dos duelos, uno le atravesará la hiel,
¡pobre de él!, tan amado por su madre.

17

El monte Aventino se verá incendiado en la noche,
el cielo se oscurecerá de repente en Flandes,
cuando el Monarca eche a su sobrino,
con la gente de la Iglesia comenzarán los escándalos.

✗ 18

Luego de una larga lluvia de leche
a distintos lugares de Reims el cielo los tocará,
¡qué sangriento conflicto se apresta para ellos!
padre e hijo, Reyes los dos, no se atreverá a aproximarse.

19

En Luca lloverá sangre y leche,
un poco antes del cambio de pretor,
la gran peste, la guerra, el hambre y la sed se dejarán ver,
alejados del lugar donde morirá el Príncipe rector.

20

Por los países del gran río Bético,
lejos de Iberia, en el reino de Granada,
cruces rechazados por los hombres mahometanos,
uno de Córdoba traicionará al país.

21

En el Crustamín, cerca del Mar Adriático,
aparecerá un horrible pez,
con rostro humano y cola acuática,
que se dejará atrapar sin utilizar el anzuelo.

22

Seis días durará el asalto de la ciudad,
se librará una feroz y áspera batalla,
tres se rendirán y serán perdonados,
los demás a fuego y sangre serán condenados.

Siria, Jordania y Egipto enfrentan a Israel, en la Guerra de los Seis Días.

23

Si Francia pasa más allá del Mar de Liguria,
te verás emboscado entre las islas y los mares,
Mahoma contradice en el Mar Adriático,
roerás los huesos de caballos y asnos.

24

De la empresa se conseguirá una confusión desmesurada,
habrá grandes pérdidas humanas y muchos tesoros disipados,
todavía no debes provocar una tensión,
Francia, ¡esfuérzate en recordar lo que he dicho!

25

El que conquiste al Reino de Navarra,
cuando Sicilia y Nápoles se unan,
cuando Bigorra y Landas sean ocupadas por Foix y Obron,
será alguien muy cercano a España.

26

Los Reyes y los Príncipes inventarán ídolos,
vendrán falsos augures y serán tenidos por altos profetas,
por víctimas con cuernos dorados, azules y agrios,
serán interpretadas las profecías.

El poder desde los medios de comunicación crea referentes, maneja a la opinión pública e interpreta la realidad a su conveniencia. Nostradamus teme también por la lectura que hará la posteridad de sus versos.

27

El Príncipe de Libia tendrá poder en Occidente,
un francés que hablará el árabe inflamará su tiempo,
será sabio en letras, y accederá
a traducir el idioma árabe al francés.

28

De tierra miserable y parientes pobres
conseguirá el Imperio por propio deseo y paz,
durante largo tiempo una joven dama reinará,
no existirá un reinado peor.

Isabel I.

29

Los dos sobrinos fueron criados en diversos lugares,
una batalla naval hará caer la tierra de sus padres,
llegarán personas cultas con gran experiencia en el
                                    manejo de las armas,
para vengar las injurias, para que los enemigos caigan
                                    ante ellos.

30

Al que en la lucha y en la guerra
haya logrado más que su jefe,
seis lo agredirán de noche en la cama,
desnudo y sin arnés súbitamente será sorprendido.

Enrique II y su relación con el Conde de Montgomery.

31

En los campos de Media, de Arabia y de Armenia,
dos grandes se enfrentarán tres veces,
en las orillas del Araxes los vasallos
del Gran Solimán serán derrotados.

32

El gran sepulcro del pueblo de Aquitania,
se aproximará hasta la Toscana,
cuando Marte se encuentre entre la esquina Germana
y el territorio gobernado por Mantuana.

33

En la ciudad donde el lobo entrará,
van a acampar los enemigos,
un batallón extranjero derrotará al gran país,
la muralla de los Alpes será atravesada por los amigos.

Asocian estos versos al arribo de los aliados en la Segunda Guerra.

34

Cuando suceda el eclipse de sol,
en pleno día el monstruo será visto,
de muchos modos será interpretado,
habrá carestía porque no han guardado, ni han previsto.

El último eclipse de 1999 fue utilizado por los medios de comunicación como un producto, y fue interpretado de mil maneras absurdas.

35

De lo más profundo del Occidente de Europa,
en una familia pobre nacerá un niño,
con su lengua seducirá a la multitud,
en el Reino de Oriente aumentará su fama.

Muchas interpretaciones refieren esta cuarteta al nacimiento de Adolf Hitler, pero podemos asociarla a muchos otros personajes. Parece existir una corriente deseosa de encontrarlo en cada profecía, no sólo en las de Nostradamus, para emparentar al nazismo con lo inevitable del destino. Leamos con atención y evitemos ser inducidos hacia exégesis falsas y malintencionadas.

36

Inhumado, no muerto, con apoplejía,
será hallado con las manos comidas,
cuando la ciudad condene al hereje,
a través de sus leyes aparentemente cambiadas.
Stalin fue hallado con apoplejía en su habitación.

37

Antes del asalto la oración se pronunciará,
Milán será emboscada por el águila con ardides astutos,
la muralla antigua a cañonazos será destruida,
por fuego y sangre, un pequeño grupo recibirá la gracia.

38

Los franceses y la nación extranjera,
más allá de los montes, morirán, serán prisioneros y
angustiados,
cerca de la vendimia, serán contrarios
por las firmas registradas en el acuerdo.

39

Los siete estarán tres meses en armonía,
para tomar los Alpes Apeninos,
pero la tempestad y la cobarde Liguria,
los preocupan y los arrastran a súbitas ruinas.

40

El gran teatro resucitará,
los dados fueron echados y las redes están tendidas,
alejado y cansado fue abandonado el primero,
en arcos vencidos, durante largo tiempo rotos.

41

Un jorobado será elegido por el concilio,
no ha aparecido sobre la tierra un monstruo más horroroso,
reventará el ojo por el golpe deseado,
el traidor del Rey por fiel será recibido.

El hugonote Luis de Condé, acusado por traición.

42

Un niño nacerá con dos dientes en la garganta,
piedras en Tuscia va a llover,
unos años después no se podrá encontrar trigo ni cebada,
para darles a los que fallezcan de hambre.

43

Gente de los alrededores de Tarn, Lot y Garona,
hagan guardia en los pasos de los montes Apeninos,
vuestra tumba está cerca de Roma y de Ancona,
el pelo negro y crespo elevará su trofeo.

44

Cuando el animal doméstico al hombre
después de grandes penas y dificultades comience a hablar,
el rayo será maléfico para una virgen
de la tierra arrancada y suspendida en el aire.

Trasplantes y clonaciones que relacionan a humanos y animales. Después de un difícil camino, aparecen maravillas y peligros.

45

Los cinco extranjeros ingresarán en el templo,
su sangre vendrá para profanar la tierra,
para los de Toulouse será un duro ejemplo,
por uno que llegará para anular sus leyes.

46

El cielo (de la ciudad de Planco) nos presagia,
por claros signos y fijas estrellas,
que se aproxima la edad del cambio súbito
pero no para su bien ni para su maldición.

47

El viejo Rey echado de su reino,
pedirá ayuda a los de Oriente,
por temor a las cruces arriará sus banderas,
a Mitilene irá por los puertos y por tierra.

48

Setecientos prisioneros serán encadenados,
para matar a la mitad, luego de abandonar la fortaleza,
la próxima esperanza llegará rápidamente,
pero no tan rápido como para impedir quince muertes.

49

El Reino de Francia será totalmente cambiado,
a un extraño lugar será trasladado el Imperio,
será obligado a adoptar otros modos y otras leyes,
Ruán y Chartres te harán las peores cosas que imaginen.

50

La República de la gran ciudad,
con gran rigor no querrá consentir,
que el Rey salga reclamado por las trompetas,
con la escalera sobre el muro, y la ciudad arrepentida.

Posible relación de estos versos con la toma de la Bastilla en la Revolución Francesa.

51

París conjura para cometer una gran muerte,
Blois lo hará salir en pleno efecto,
los de Orleáns intentarán elevar a su jefe,
Angers, Troyes, Langres le harán una fechoría.

52

En el campo será infinita la lluvia,
y en la Apulia será grande la sequía,
el gallo observará cómo el águila con sus alas lastimadas
será puesto en dificultades por el león.

Francia (gallo) mira cómo Inglaterra (león) jaquea a Los Estados Unidos (águila).

53

Cuando el más grande arrastre al prisionero
de Nuremberg, Augsburgo y Basilea,
por Agripina el jefe de Frankfurt será vuelto a tomar,
atravesarán por Flandes hasta la Galia.

Francia invadida por los alemanes en 1914.

54

Uno de los más grandes huirá a España,
y luego sangrará desde la herida profunda,
conducirá sus ejércitos a través de las altas montañas,
todo desvastará para después reinar en paz.

55

En el año en que un ojo en Francia reine,
la Corte será un molesto desorden,
el grande de Blois matará a su amigo,
el reino seguirá el mal camino y duplicará las dudas.

Enrique II y Enrique III en Francia.

56

Montauban, Nimes, Aviñón y Béziers,
peste, truenos y granizo en el final de marzo,
el puente de París, el muro de Lyon, Montpellier,
después de seiscientas, y ciento cuarenta y tres partes.

57

Siete veces verán cambiar a los Británicos,
teñidos en sangre por doscientos noventa años,
Francia ya no tiene el apoyo Germano,
Aries duda de su polo Bastarno.

58

Cerca del Rhin de las montañas Nóricas,
nacerá una gran persona que ha llegado demasiado tarde,
que defenderá Sarmacia y Panonia,
y no se conocerá la suerte que ha corrido.

Otra cuarteta que tendenciosos analistas quieren emparentar con el nacimiento de Hitler.

59

El imperio bárbaro por un tercero será usurpado,
y condenará a muerte a la mayoría de los de su sangre,
por muerte senil, el cuarto será herido,
para evitar que la sangre no sea asesinada por la sangre.

60

Por toda Asia habrá una gran proscripción,
igual que en Misia, Lisia y Panfilia:
sangre vertida por absolución
de un joven negro pleno de felonía.

61

La gran banda y la secta de la cruz
se pondrá de pie en la Mesopotamia,
habrá una compañía liviana en las cercanías del río,
que tendrá tal ley por enemiga.

62

Cerca del Duero, cerrado por el mar Cirene,
cruzará las grandes montañas de los Pirineos,
la mano más corta y su glosa horadada,
a Carcasona conducirá sus embrollos.

63

El poder romano llegará a sus manos,
su gran vecino imitará sus huellas,
ocultos odios civiles y debates,
retardarán las locuras de los bufones.

El fascismo en Italia y Alemania.

64

El jefe de Persia llenará grandes navíos,
la flota de barcos trirremes luchará contra gente
mahometana,
desde Partia y desde Media llegará a la Cícladas para el
pillaje,
reposará largo tiempo en el gran puerto Jónico.

La batalla de Lepanto.

65

Cuando el sepulcro del gran Romano sea encontrado,
un día después será elegido un Pontífice,
que el Senado no aprobará,
envenenado, su sangre enrojecerá la vestidura sacra.

La muerte de Juan Pablo I.

66

El gran Magistrado de Orleáns será condenado a muerte,
será por uno de sangre vengativa,
por suerte de merecida muerte no morirá,
de pies y manos estará prisionero.

*El duque de Orleáns, Felipe, es baile (magistrado de
menor jerarquía que el regente o el veguer) durante la minoría de edad de Luis XV.*

67

Una nueva secta de filósofos,
menospreciando la muerte, el oro, los honores y las riquezas,
estarán en los límites de los montes Germanos,
y conseguirán apoyo y continuadores.

*Relacionan esta cuarteta con la aparición de Rudolf Stei-
ner y la teosofía.*

68

Pueblos sin jefe en España e Italia,
muertes preocupantes en Crimea,
su voz traicionada por su ligera locura,
la sangre nadará por toda la travesía.

69

Un gran ejército conducido por un joven,
se rendirá a manos del enemigo,
pero el viejo nacido mitad cerdo
conseguirá que Chalón y Mascón entablen amistad.

70

La Gran Bretaña, comprendiendo a Inglaterra,
padecerá una gran inundación,
la liga nueva de Ausonia hará la guerra,
contra ellos se alistarán.

71

Los de las islas serán asediados mucho tiempo,
brindarán vigor y fortaleza contra sus enemigos,
serán vencidos y morirán de hambre los de afuera,
sufrirán más hambre de la que jamás hayan padecido.

Inglaterra aislada, en la Segunda Guerra Mundial, luego de la caída de Francia.

72

El viejo bueno será enterrado vivo,
cerca del gran río por una falsa sospecha,
el nuevo anciano será ennoblecido con riquezas,
será interceptado en la senda, todo el oro del rescate.

73

Cuando el rengo consiga el reinado,
vendrá un bastardo como competidor,
el Rey y su reino se convertirán en tremendos roñosos,
pasarán tantos años para que sane que cuando se cure
será tarde.

Enrique de Borbón bajo el nombre de Enrique V pretende el trono de Francia.

74

Nápoles, Florencia, Faenza e Imola,
sufrirán una tremenda pesadumbre,
por haber complacido a los infelices de Nola,
que se quejaron por las mofas que ha aguantado su jefe.

75

Pau, Verona, Vicenza, Zaragoza,
espadas lejanas, terruños humedecidos de sangre,
una peste tan grande sucederá,
que el remedio y el auxilio quedarán alejados.

76

En Germania nacerán diversas sectas,
se aproximarán fuertemente al dichoso paganismo,
el corazón prisionero y pequeños beneficios,
harán retornar al pago del real diezmo.

77

El tercer clima comprendido bajo Aries,
en el año mil setecientos veintisiete, en octubre,
el Rey de Persia, será capturado por los de Egipto,
conflicto, muerte y perdición, gran oprobio para la cruz.

78

El jefe de Escocia, con seis de Alemania,
por gente del Mar Oriental serán capturados,
atravesarán Gibraltar y España,
se presentarán en Persia ante el nuevo Rey miedoso.

79

El orden fatal sempiterno encadenado,
vendrá a girar con consecuente orden:
en el puerto Focense será rota la cadena,
la ciudad será sitiada, pero no del todo al enemigo.
   Clave astrológica.

80

Del reino Inglés el indigno huirá,
el consejero por la ira será condenado a la hoguera,
sus adherentes descenderán tan bajo,
que el bastardo será casi proclamado.

Carlos I y los acontecimientos de la Revolución Inglesa.

81

El gran gritón desvergonzado y audaz,
será elegido gobernador de la armada,
por la valentía de sus contendientes,
se romperá el puente, desfallecerá de terror la ciudad.

Oliver Cromwell.

82

Freins, Antibor, villas cercanas a Niza,
serán devastadas por mar y por tierra,
las langostas, con vientos propicios, ocuparán la tierra y
el mar,
capturados, muertos, destrozados, robados, sin respetar
las leyes de guerra.

83

La larga cabellera de la Galia Céltica,
acompañada por extrañas naciones,
capturarán a los hombres de Aquitania,
para sucumbir a sus intenciones.

84

La gran ciudad será desolada,
de sus habitantes ni uno solo sobrevivirá en ella,
muro, sexo, templo, y virgen violada,
por hierro, fuego, peste, cañones, para asesinar al pueblo.

85

Por engaño y fraude será dominada la gran ciudad,
por el mohín de un bello joven atrapado,
se tomará Robine, cerca de Aude, por asalto,
él y todos morirán por haber estafado.

86

Un jefe de Ausonia viajará a España,
por mar, será detenido en Marsella,
agonizará un largo tiempo antes de morir,
luego de su muerte se verán grandes maravillas.

87

Flota Gala, no te aproximes a Córcega,
tampoco a Cerdeña, porque te arrepentirás,
pronto todos morirán privados del socorro necesario,
la sangre brotará, prisionero, aunque no quieras creerme.

88

Desde Barcelona vendrá por mar una gran armada,
Marsella temblará de pavura,
las islas serán sitiadas y la ayuda desde el mar nunca
llegará,
tu traidor en la tierra nadará.

89

En un tiempo futuro Chipre no conseguirá
la ayuda de los del Mar Egeo,
los ancianos serán descuartizados con mixturas y músicas,
seducirán a su Rey y ultrajarán a la Reina.

Chipre y sus relaciones con turcos y griegos.

90

El gran Sátiro y Tigre de Hircania,
presentará su don a los del océano,
un jefe de flota partirá de Carmania,
y tocará tierra en el Tirreno Focense.

91

El árbol que estuvo por largo tiempo muerto y seco,
en una noche regresará para reverdecer,
el Rey Cron enfermo, el Príncipe rengo,
si gritan los enemigos desplegarán sus velas.

Renacimiento de una nación desde la decadencia.

92

El mundo se aproxima al último período,
Saturno retornará más tarde,
se traslada el Imperio a las naciones Brodde,
el halcón le arrancará un ojo a Narbona.

Se acerca el mundo a su última etapa, no a su fin.

93

En Aviñón vivirá el jefe del Imperio,
una decisión desolará a París,
Tricast tendrá la ira de Aníbal,
Lyon, en cambio, no tendrá consuelo.

Aviñón transformada en capital de Francia.

94

Dentro de quinientos años se lo tendrá en cuenta
al que fue el ornato de su tiempo,
súbitamente nos disparará una gran claridad,
porque en ese siglo a todos los dejará contentos.

Nostradamus confirma el éxito de sus escritos para mediados del siglo XXI.

95

La ley Morisca se verá desfallecer,
será reemplazada por otra mucho más seductora,
Boristhennes será el primero que sucumbirá,
por la lengua más seductora y por los dones.

96

El jefe de Fosán será decapitado,
por su conductor de perros y lebreles,
acto realizado por los del monte Tarpee,
con Saturno en Leo el trece de febrero.

Magnicidio referido desde claves astrológicas.

97

Una nueva ley ocupará una nueva tierra,
hacia Siria, Judea y Palestina,
el gran Imperio Bárbaro cederá,
antes de que Febe decida su siglo.

Asocian estos versos a la creación del Estado de Israel.

98

Dos hermanos reales batallarán fuertemente
y la guerra entre ellos será mortal,
cada uno ocupará las plazas y las fortalezas,
de reino y de vida será su gran pelea.

Luis XIII de Francia se enfrenta a Gastón de Orleáns, su hermano, en el siglo XVII.

99

En la frondosa campaña de Alleins y Vernegues,
del monte Leberon cerca del Durance,
entre las dos partes el conflicto será tan feroz
que la Mesopotamia se hundirá en Francia.

100

Entre los galos el último honrado,
saldrá victorioso contra el enemigo,
fuerza y terror serán inducidos
cuando al envidioso lo maten con una flecha.

De Gaulle y su victoria sobre Adolf Hitler.

CENTURIA
IV

Por mar y por tierra el pueblo cambiará el estado de las
cosas,
Los más instruidos
Serán reprobados por Príncipes ignorantes,
Vendrán a cegar con los discursos,
Luego de las falsas promesas
Quedará el Rey desnudo y sin riquezas,
Bajo la tierra se oirá la simulada voz de una dama,
De donde piensan que llega el hambre
Vendrá la abundancia,
La sublevación no será inútil, y el pueblo la apoyará
emocionado.

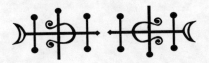

1

Por la sangre que no ha sido derramada,
Venecia pide recibir socorro,
después de un largo tiempo de espera,
la ciudad será liberada cuando suene la primera corneta.

Venecia vence a la ciudad chipriota de Famagusta.

2

Por una muerte Francia emprenderá un viaje,
la flota por el mar surcará, otros atravesarán los montes
                                                    Pirineos,
España está turbada, los militares marcharán:
las más grandes damas son conducidas a Francia.

Sucesos en España en el siglo XVIII.

3

Grandes banderas de Arras, de Bourges y de Brodes,
una multitud de gascones pelearán a pie,
a la larga por los de Ródano sangrará España,
cerca del monte donde Sagunto está ubicado.

Conflictos entre ciudades españolas y francesas.

4

El impotente Príncipe enojado lanzará quejas y acusaciones,
de raptos y robos por franceses y libios:
por tierra se siente poderoso, y ordena sobre el mar
                                                    infinitas velas,
la hermana italiana perseguirá a los Celtas.

Siguiendo el sentido de la cuarteta anterior, aparece aquí Libia en escena.

5

La cruz traerá la paz, bajo el cumplido verbo divino,
España y Francia estarán unidas,
una gran batalla y un violento combate están cerca,
no existirá corazón tan valeroso que no tiemble.

Otra vez España a principios del siglo XVIII.

6

Luego de hacer una tregua llegan las nuevas costumbres,
maldad, intriga y maquinación,
primero morirá el que haga la prueba,
dentro de Venecia conspirarán.

7

Al hijo menor del gran Príncipe odiado,
la lepra lo manchará a los veinte años,
de pena morirá su madre, triste y delgada,
y él morirá en la tumba de los cobardes.

8

La gran ciudad será tomada por un asalto repentino,
sorprendida en la noche, sus guardias serán derrotados,
vigías y centinelas de San Quintín
serán asesinados, y las contrapuertas serán destrozadas.

9

Un jefe de campo en el corazón de la batalla,
será herido en el muslo por una flecha,
cuando Ginebra preocupada
sea traicionada por Lausana y los suizos.

10

El joven Príncipe acusado falsamente,
infiltrará problemas y disturbios en el campo,
matarán al jefe por la valentía,
el cetro será mitigado, luego las paperas sanarán.

11

☞ Aquel que será cubierto con una gran capa,
será inducido a hacer alguna cosa,
los doce rojos investigarán con detenimiento el manto,
bajo una muerte, otra muerte se perpetrará.

Intrigas y crímenes en el Vaticano. JUAN 23 -

12

En el campo más grande será puesto en fuga,
no mucho después será perseguido,
otra vez acamparán las huestes y la legión será reducida,
fuera de la Galia todos serán echados.

13

Llegan novedades sobre una gran pérdida,
al oírlo se sorprenderá el campamento,
las bandas unidas encontrarán revueltas,
doble falange, abandonará el grande.

Hechos que conducen al fin de la Primera Guerra Mundial.

14

La muerte súbita del primer personaje,
la corona cambiará de mano,
rápido pero a destiempo llegará a lo más alto en una
época difícil,
tierra y mar sentirán terror por su persona.

...n a John Kennedy, y lo reemplaza Lyndon
... en una mala época *(Vietnam)*.

15

...e donde piensan que llega el hambre
vendrá la abundancia,
el ojo del mar por perro avaro
dará a uno el trigo y al otro el aceite.

   El petróleo como riqueza.

16

La ciudad plena de libertad será sierva,
asilo de soñadores y pícaros,
ha cambiado de criterio el Rey,
los que eran cien serán más de mil.

17

Cambiarán Beaune, Nuy, Chalon, Dijón,
el duque quiere corregir la Baree:
marchado junto al río, un pez y un pico para zambullirse,
verá la cola, la puerta será cerrada.

18

Los más instruidos en hechos celestes,
serán reprobados por Príncipes ignorantes,
serán castigados por leyes y echados como hombres
                                          indignos,
y condenados a muerte donde sean encontrados.

   *En los siglos XVI y XVII los astrónomos eran persegui-
dos por herejes; recordemos a Galileo y el desgraciado fin de
Giordano Bruno.*

19

Delante de Rouen, los italianos comienzan el bloqueo,
por mar y por tierra se cerrarán los pasos,
los de Haynaut, Flandes, Gante y los de Lieja,
en la costa los militares robarán.

Actos bélicos en Europa.

20

La paz y la abundancia permanecerán largo tiempo,
cuando llegue el reinado de la flor de lis:
cuerpos muertos por el agua regresan,
y esperan ser sepultados.

21

El cambio será muy difícil,
pero con él la ciudad y la provincia ganarán,
alto corazón, prudente y hábil,
por mar, y por tierra, el pueblo cambiará el estado de
las cosas.

Llega la revolución que mejora la vida de la gente, cambios traumáticos pero inevitables.

22

El gran ejército desechado
en un momento será necesario para el Rey,
luego de las falsas promesas
quedará el Rey desnudo y sin riquezas.

Sigue la profecía anterior, los poderosos y los ricos pierden su poder y su riqueza.

23

La legión de la flota de mar,
en Calcedonia y Maina al azufre y al pez quemarán,
la extensa paz reposa en la plaza segura,
en Puerto Selín, el fuego de Hércules los consumirá.

Ataques a ciudades de las riberas del Mediterráneo.

24

Bajo la tierra se oirá la simulada voz de una santa dama,
humana llama para lucir la divinidad,
con su sangre teñirá la tierra,
y los templos santos por los impuros serán destruidos.

El consumo desmedido, y los medios de comunicación manejados por el poder económico, como cantos de sirena, aparecen como una nueva religión, y provocan la destrucción de los más elementales preceptos humanos.

25

Cuerpos sublimes visibles a los ojos,
vendrán a cegar con ese discurso,
cuerpos y mentes invisibles, sin jefe,
reducirán las oraciones sagradas.

Otra cuarteta para los medios de comunicación; cegando y deshumanizando.

26

Se elevará el gran enjambre de abejas,
nadie sabrá de dónde ha venido,
donde el bosque lo esconde,
será traicionada una ciudad por cinco lenguas desnudas.

Napoleón y la Revolución Francesa.

27

Salón, Mansol, Tarascón de Sex, el arco,
donde todavía se encuentra la pirámide,
vendrán a liberar al Príncipe de Dinamarca,
un rescate humillante pagarán en el templo de Artemisa.

*Curiosa referencia a la obra de William Shakespeare,
que nace en 1564, dos años antes de la muerte de Nostradamus. Pocas noticias ciertas se han tenido sobre la vida del
poeta y dramaturgo inglés, hasta se ha dudado de su existencia; se pensó que su obra fue realizada con seudónimo
por Bacon o Marlowe.*

28

Cuando Venus esté cubierta por el Sol,
Bajo el resplandor aparecerá una forma oculta,
Mercurio en el fuego los habrá descubierto,
el ruido de la guerra sonará como un insulto.

Claves astrológicas y hechos bélicos.

29

El sol será eclipsado por Mercurio,
y estará en el segundo cielo,
Hermes será pastura para Vulcano,
el sol se verá puro, rubio y brillante.

Procesos de alquimia y referencia astrológica.

30

Más de once veces la Luna no amará al Sol,
ambos aumentarán y reducirán su altura,
y caerán tan abajo que encontrarán poco oro,
luego del hambre y la peste, descubrirán el secreto.

La búsqueda de la piedra filosofal.

31

La luna, en el plano de la noche, sobre las altas montañas,
ha sido descubierta por el nuevo sabio de un solo cerebro,
que se presenta ante sus discípulos como inmortal,
las manos y el cuerpo en el fuego, fingen en el mediodía.

32

En algún lugar, en algún tiempo, la carne dará lugar al pez,
la ley de la comuna será puesta en contra,
el viejo tendrá fortaleza, luego será exterminado,
quedará muy atrás la Panta Chiona Philon.

El mariscal Pétain.

33

Júpiter se unirá con más fuerza con Venus que con la Luna,
y aparecerá en una plenitud blanca,
se esconderá Venus bajo la blancura de Neptuno,
y Marte la herirá con una gran rama.

Signos astrológicos.

34

El grande será llevado cautivo a una tierra extraña,
se lo ofrecerán con cadenas de oro al Rey Enrique,
luego de que en Ausonia, Milán pierda la guerra,
y todo su ejército sea esposado y pasado por el fuego.

35

Cuando el fuego se extinga, traicionarán las vírgenes
a la parte más importante del nuevo bando,
rayos de hierro y lanzas guardarán los reyes,
en Etruria y Córcega, en la noche, se degollará.

Últimos días de Napoleón.

36

Los juegos nuevos resucitarán en la Galia,
luego de la victoria de Ínsubre,
en las montañas de Hesperia, a los grandes los llevarán
atados,
Roma y España temblarán asustados.

37

Las Galos, a saltos, penetrarán en los montes,
y ocuparán el sitio del Ínsubre,
hasta lo más profundo entrará su batallón,
en Génova y Mónaco rechazarán a la flota.

38

El duque, el rey y la reina se ocuparán
de un jefe Bizantino prisionero en Samotracia,
antes del asalto uno se comerá al otro,
las huellas de sangre serán seguidas de cerca por el huraño.

Una batalla en el mar Egeo.

39

Los de Rhodas pedirán auxilio,
por la negligencia de sus aliados,
el imperio Árabe retomará su camino,
en Hesperia la causa se enderezará.

40

Las fortalezas de los asediados serán cercadas,
y serán arrojadas al abismo por polvo de fuego,
las traidores serán atrapados vivos,
nunca en la iglesia ocurrió algo tan horrible.

Franceses hugonotes en el final del siglo XVI.

41

La mujer capturada como rehén
de noche llegará a sorprender a los custodios,
el jefe del campo admirará su idioma,
desatenderá a la gente, dará pena verla.

42

Ginebra y Langres por los de Chartres y Dole,
y por Grenoble prisionero en Montlimard,
Seysset y Lausana, por una fraudulenta mentira,
serán traicionados por sesenta marcos de oro.

43

En el cielo se oirá el sonido de las armas,
en ese año también los divinos se enemistarán,
querrán debatir injustamente las leyes santas,
por rayos y por guerras morirán los muy creyentes.

44

Dos grandes de Mende, de Roudés y de Milhau,
Cahors, Limoges, Chartres, mala semana,
en la noche entrará en Burdeos un guijarro,
por Périgord al tañido de la campana.

Esta cuarteta fue escrita en dialecto provenzal.

45

Por un conflicto el rey abandonará su reino,
el más grande de los jefes fallará en su obligación,
será herido y muy pocos podrán escapar,
uno solo verá cómo todos serán asesinados.

Waterloo, el mariscal De Grouchy y la derrota de Napoleón.

46

El acto será bien defendido por excelencia,
¡Tours, cuídate de tu futura ruina!
Londres y Nantes serán defendidos por Reims,
¡no avances sobre el tiempo de la bruma!

47

Después de que el negro cruel haya ensayado
su sanguinaria mano con fuego, hierro y tensos arcos,
la totalidad del pueblo sentirá terror,
al ver a los más grandes colgados por el cuello y por los pies.

48

El llano de Ausonia, fértil y espacioso,
traerá tábanos y langostas,
la claridad del sol se nublará,
todo lo roerán, la gran peste vendrá por ellos.

49

Ante el pueblo se derramará sangre,
que llegará desde lo alto del cielo,
pero después de un largo tiempo se dejará de oír,
el espíritu de uno llegará a testimoniar.

Asocian estos versos a los asesinatos de John y Robert Kennedy.

50

Libra verá reinar a Hesperia,
en el cielo y la tierra mantendrá el reinado,
nadie verá morir a las fuerzas de Asia
hasta que siete no alcancen la jerarquía.

51

Un Duque angustiado perseguirá a su enemigo,
ingresará pechando a la falange,
a pie le seguirán de cerca,
cerca del Ganges, estarán en la jornada del conflicto.

52

En la ciudad derrotada, los hombres y las mujeres están
sobre los muros,
los enemigos esperarán afuera, el jefe se aprestará para
la rendición,
soplará feroz el viento contra los gendarmes,
serán echados por cal, polvo y ceniza.

53

Los fugitivos y los exiliados serán redimidos,
adornarán los profundos pozos los padres y el hijo mayor,
serán ahogados con su séquito por crueles,
su hijo, el peor, será sumergido para siempre en el pozo.

54

Como nunca fue nombrado un Rey Galo,
jamás existió un rayo más temido,
temblarán los ingleses, Italia y España,
con las damas extranjeras será muy atento.

Batallas y romances en la vida de Napoleón.

55

Cuando el búho sobre la torre de apretados ladrillos,
no haga otra cosa que chillar durante siete horas,
una muerte será presagiada y una estatua se manchará
de sangre,
matarán al tirano, y los Dioses serán alabados por el pueblo.

56

Luego de la victoria del idioma furioso
se recuperará el alma con reposo y paz,
el sanguinario ganador de la batalla elevará una arenga
y se quemará su lengua, su carne y sus huesos.

57

Un asunto desagradable será soportado por el Rey,
que intentará proponer la defensa de los escritos,
su mujer no sera mujer y por otro será tentada,
nadie vocifera más que ellos.

58

El sol ardiente se colará en la garganta,
la sangre humana regará la tierra etrusca,
el jefe cosecha agua y lleva a marchar a su hijo,
la prisionera es conducida a tierra turca.

59

Dos asediados en ardiente fervor,
con dos tazas llenas apagarán la sed,
un soldado raso y un anciano soñador,
mostrarán el sendero de Irán a los Genoveses.

60

Habrá siete niños abandonados como rehenes,
el tercero vendrá a asesinar a su niño,
dos por sus hijos serán atravesados,
Génova y Florencia acordarán.

61

El viejo burlado será expulsado de su sitio,
por el extranjero que lo sobornará,
pero sus hijos serán devorados ante su cara,
el hermano en Chartres, Orl, Ruán traicionará.

62

Un coronel maquina por su ambición,
se adueñará de la parte más grande de la armada,
contra su Príncipe fingirá una invención,
y será descubierto bajo las ramas.

Luis de Condé, hugonote del siglo XVI.

63

La armada Celta contra los montañeses,
que serán descubiertos y serán atrapados,
campesinos jóvenes y valerosos los empujarán,
precipitados todos, estarán al filo de la espalda.

64

El culpable, vestido como burgués,
vendrá a tentar al rey con una ofensa para salvarse:
ofrecerá quince soldados, la mayoría de ellos rehenes,
y su vida, y lo mejor de su hacienda.

65

El desertor de la gran fortaleza
luego de abandonar su espacio
tendrá una gran actuación contra su adversario,
y el emperador será condenado a muerte.

66

Bajo el color falso de siete cabezas rasuradas
se desparramarán los espías,
pozos y fuentes serán envenenadas,
y en el fuerte de Génova comerán carne humana.

67

En el año en que Saturno y Marte entrarán en combustión,
el aire fuertemente seco hará un largo trayecto,
por fuegos secretos arderán de calor grandes extensiones,
no lloverá, el viento cálido traerá invasiones y guerras.

Clave astrológica que predice el calentamiento del planeta, el efecto invernadero y algunas consecuencias derivadas de accidentes nucleares o catástrofes ecológicas.

68

En un lugar cercano, no lejos de Venus,
de los dos más grandes de Asia y África
se dirá que llegan del Rin y del Danubio,
habrá plegarias y llantos en Malta y en la costa de Liguria.

69

La gran ciudad será defendida por los exiliados,
morirán algunos ciudadanos, otros serán echados y
magullados,
los de Aquilea a Parma prometerán
mostrar la entrada por lugares no transitados.

70

Contiguo a los Grandes Montes Pirineos,
alguien levantará su gran ejército contra el águila,
venas abiertas, fuerzas exterminadas,
que hasta Pau el jefe vendrá a perseguir.

En el primero de los versos estamos en los Pirineos, y en el último en Paual Sur de Francia, pero en los otros dos versos encontramos al águila (Estados Unidos) jaqueada por un gran ejército, y a las venas abiertas ("Venas abiertas de América Latina". Eduardo Galeano) exhibiendo sus fuerzas.

71

En lugar de la esposa serán matadas las hijas,
no será considerado el asesinato como un gran delito,
nadie podrá sobrevivir,
dentro del pozo se ahogarán con sus ropas,
la esposa morirá en las cercanías de Aconil.

72

Los Artómicos por Agen y Lestore
en Saint-Felix tendrán su parlamento.
los de Basas arribarán a la mala hora,
y sitiarán prontamente Condon y Marsan.

73

El sobrino mayor probará por la fuerza
lo pactado por el corazón miedoso,
Ferrara y Asti serán atormentadas por el Duque,
cuando en una noche representen la pantomima.

Hechos de Napoleón III.

74

Del lago Lemán y los Brannonices
todos en asamblea contra los de Aquitania,
habrá muchos germanos, pero habrá más suizos,
y serán todos derrotados con los de Humania.

75

Se desmayará alguien preparado para luchar
el jefe adversario obtendrá la victoria,
la retaguardia será la defensa,
los desfallecientes morirán en el territorio blanco.

1815, Waterloo.

76

Los que aman la oscuridad por los de Périgord
serán oprimidos, y librarán batallas hasta el Ródano,
el socio de Bigorre, y de los gascones,
traicionará al templo mientras en presbítero sermonee
en el púlpito.

77

En la Monarquía de Selín, Italia vivirá en paz,
con los reinos unidos, en el mundo existirá un rey cristiano,
cuando muera querrá descansar en Tierra Santa,
después de haber expulsado del mar a los piratas.

78

La gran armada de la guerra civil
en la noche encontrará a Parma conquistada por el extranjero,
setenta y nueve muertos habrá en la villa
serán los extranjeros todos pasados bajo la espada.

1831, Parma.

79

La sangre Real huyó de Monhurt, de Mas y de Eguillon,
los Bordoleses serán invasores de las Landas,
a Navarra, y a Bigorre, llegarán las lanzas y las picas,
los hambrientos devorarán bellotas en Lieja.

80

En las cercanías del gran río, cavaron una profunda fosa
en las tierras incultas,
en quince partes será dividida el agua,
la ciudad será sitiada, habrá fuego, sangre, gritos y conflictos,
y la mayoría tendrá que ver con el coliseo.

81

Un puente de naves construirán rápidamente,
para que pase la armada del gran Príncipe de Bélgica,
en las profundidades, y no lejos de Bruselas
pasará y degollará el siete de espada.

Pocos años después de la muerte de Nostradamus, ocurrió el bloqueo de Amberes.

82

Las armas se aprestan desde Eslavonia,
el anciano Olestant llevará a la ciudad a la ruina,
fuertemente desolada se verá a Rumania,
luego la gran llama no podrá ser extinguida.

83

En combate nocturno, el valiente capitán,
huirá derrotado, pero seguido por la gente:
la sublevación no será inútil, y el pueblo la apoyará
emocionado,
su propio hijo lo tendrá asediado.

Revueltas populares, sublevaciones contra el poder establecido y la gente recuperando su espacio en el mundo. Esta cuarteta continúa la línea de las que profetizan alzamientos y apariciones de líderes, contra las desigualdades sociales.

84

Un grande de Auxerre morirá miserable,
echado por sus subordinados,
y atado con cadenas, y un riguroso cable,
en el año en que Marte, Venus y el Sol estén unidos en
el verano.

85

El carbón blanco será calentado por el carbón negro,
el prisionero será trasladado al patíbulo:
con los pies entrelazados, sobre un camello moro,
el recién nacido atravesará el eje.

Luis XVI y Luis XVII, y el fin de ambos.

86

En el año en que Saturno en el agua navegue
con el Sol, el potente y poderoso Rey,
en Reims y Aix será recibido y ungido,
y luego de las conquistas matará a gente inocente.

Un Rey será coronado en ciudades de Francia y de Alemania, luego cometerá terribles crímenes contra el pueblo.

87

Un hijo de un Rey ha aprendido muchos idiomas,
será diferente de su predecesor en el Reino,
su suegro será mejor comprendido por su hijo mayor,
y matará a su principal adherente.

Podemos asociar esta profecía al hijo de Juan Carlos de Borbón, Rey de España, el Príncipe Felipe.

88

Al que nombran el gran Antonio, lo encontrarán en
                                    hechos sórdidos,
de horribles enfermedades su piel será roída,
y uno ávido de plomo
cuando pase el puerto elegido será hundido.

Continúa esta cuarteta hablando de los Borbones, y hace referencia a Antonio de Borbón, Rey de Navarra.

89

Treinta de Londres conjurarán en secreto,
contra su rey, la empresa, sobre el puente,
a él, le producirán asco las fatalidades de la muerte,
un Rey rubio será elegido, nativo de Frisia.

1605, Conspiración de la Pólvora, contra Jacobo I.

90

Los dos batallones no podrán acercarse a los muros,
Milán y Ticino temblarán en ese momento,
sufrirán hambre y sed, y los asaltará una duda feroz,
¿tendrán un bocado de carne, de pan, o víveres suficientes?

91

El duque francés luchará en duelo,
la nave Mellele no se acercará a Mónaco,
injustamente acusado irá a prisión para siempre,
su hijo tratará de reinar antes de su muerte.

92

La cabeza tronchada del valiente capitán,
será arrojada ante su adversario,
su cuerpo será colgado del mástil de la nave,
confundido, huirá remando en contra del viento.

93

Una serpiente será vista cerca del lecho del Rey,
será una dama en la noche, y los perros no ladrarán,
cuando nazca en Francia un príncipe tan Real
que parezca llegado del cielo, y que todos los príncipes
admiren.

94

Dos grandes hermanos serán expulsados de España,
sobre los Pirineos será derrotado el mayor,
Ródano, mar sangriento. Lemán, sangre de Alemania.
Narbón. Biterre. De Agath contaminadas.

95

El reino heredado le durará poco,
después de tres años y siete meses estallará la guerra,
las dos vestales se rebelarán contra ellos,
lograrán la victoria en tierra de Armenios.

96

La hermana de la Isla Británica,
nacerá quince años antes que su hermano:
su prometido, como se podrá confirmar,
sucederá en el Reino de Libra.

97

Cuando Mercurio, Marte y Venus retrocedan,
la línea del gran Monarca no fallará,
elegido por el pueblo lusitano, cerca de Cádiz,
en paz reinará hasta que se vuelva anciano.

98

Los albaneses pasarán a Roma,
que será nuevamente poblada desde Langres,
el marqués y el duque no perdonarán al hombre,
fuego, sangre, muerte, sequía, los trigales se han marchitado.

Albaneses ingresan en Italia.

99

El primogénito valeroso de la hija del Rey,
rechazará muy lejos a los Celtas,
como si les mandara un rayo y les provocara un gran
                                                    desorden,
poco y lejos, después, en las profundidades Hesperias.

100

En el edificio Real se ve fuego celeste,
cuando la luz de Marte no exista más,
siete meses durará una gran guerra, morirá la gente por
                                                    maleficios,
Ruán, Évreux, no permitirán que el Rey caiga.

Una batalla feroz coincidirá con claves astrológicas.

CENTURIA
V

Su sombra finge suprimir la esclavitud
Pero le roba al pueblo
Y usurpa a la ciudad
Para su propio beneficio,
El pueblo estará preocupado por un jefe llorón,
Luego de la exagerada abundancia
Llegará la ruina,
Súbitamente vendrá la causa del gran temor
Para los príncipes y los nobles,
que tendrán que escapar,
Y ayudarán al humilde.

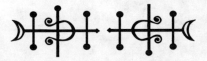

1

Antes de que suceda la ruina de los Celtas,
dentro del templo parlamentarán dos,
apuñalarán el corazón de uno, caballero de lanza y de corcel,
sin hacer ruido al grande lo enterrarán.

Católicos contra protestantes en Irlanda del Norte.
1976, asesinato del embajador británico.

2

Siete conjurados en el banquete harán alarde,
serán echados del barco los tres:
los dos batallones hacia el grande serán conducidos,
en el paseo, el último en la frente le dispara.

3

El sucesor del ducado viajará
mucho más allá del mar de Toscana,
una rama gala tendrá Florencia,
en el regreso, acordará con la rama náutica.

4

El gran mastín echado de la ciudad,
se enojará por la extraña alianza,
luego de haber cazado en los campos al ciervo,
desconfiarán el uno del otro, lobo y oso.

Hitler y Stalin pactan no agredirse, Churchill se enoja
ante esa alianza.

5

Su sombra finge suprimir la esclavitud,
pero le roba al pueblo, y usurpa a la ciudad, para su
propio beneficio,
peor será por el fraude de una joven prostituta,
será liberado en el campo leyendo el falso prólogo.

Capitalismo salvaje en el fin del siglo.

6

El augur del Rey llegará para colocar su mano sobre el jefe,
vendrá a pedir por la paz italiana,
en la mano izquierda el cetro cambiará,
de Rey se transformará en emperador de la paz.

7

Serán hallados los huesos del triunvirato,
buscando en las profundidades un tesoro enigmático,
los que estén en las cercanías no descansarán,
será la concavidad de mármol y de plomo metálico.

Napoleón, Fouché y Talleyrand.

8

Será dejado el fuego vivo, y el muerto oculto,
dentro de los horribles globos espantosos,
en la noche, sobre la ciudad costera, en polvo se convertirá,
la ciudad en el fuego, y el enemigo favorecido.

9

Hasta el fondo del gran arco demolido,
por un jefe prisionero el amigo sabrá las novedades:
nacerá de una dama con la cara peluda,
por astucia, un Duque será atrapado por la muerte.

10

Un jefe Celta herido en el conflicto,
cerca de una cueva, viendo a los suyos abatidos por la
muerte,
por la sangre, por los golpes, por los enemigos, será
oprimido,
cuatro ignotos personajes lo socorrerán.

1857, Felipe Orsini contra Napoleón.

11

No cruzarán seguros el mar los del sol,
porque los de Venus someterán a toda África,
no ocupará Saturno por mucho tiempo su reino,
y cambiará la parte asiática.

Claves astrológicas, que algunos analistas relacionan con inseguros viajes de los cristianos, expansión del Islam y cambios en el Estado de Israel.

12

Cerca del lago de Lemán sucederá un complot,
de una adolescente extranjera que intentará traicionar a
la ciudad,
antes de su muerte en Augsburgo huirá,
los del Rin llegarán para invadirla.

La Guerra de los Treinta Años.

13

El Rey Romano Belga, por gran furor,
llegará para violar con su falange bárbara,
el furor rechina para echar a la gente de Libia,
desde Pannons hasta el ara de Hércules.

Otra vez los que pretenden hallar referencias del nazismo en cada cuarteta creen que la palabra furor, "fureur" en fran-

cés, nombra al Führer. Pero en estos versos no hay huellas
de ninguna profecía relativa al III Reich. ¡Atención lectores!
A no dejarse engañar por interpretaciones intencionadas.

14

Con Saturno y Marte en Leo, España será esclavizada,
por un jefe libio en un conflicto,
cerca de Malta, huirá el príncipe heredero,
y el cetro romano será herido por el gallo.

15

Mientras navega será cautivo el Gran Pontífice,
habrá un intento fallido de motín entre los clérigos,
el segundo elegido estará ausente, su riqueza será repartida,
su bastardo favorito será condenado a muerte.

16

La lágrima de Saba jamás conseguirá tan alto precio,
la carne humana será convertida en cenizas por la muerte,
la isla de Faros por los Cruzados será perturbada,
cuando en Rodas se manifieste el lacerante espectro.

17

El Rey pasará la noche al lado de un andrón,
acechan el de Chipre y el principal:
el Rey perderá su mano a lo largo del Ródano,
irán a asesinarlo los conjurados.

18

Morirá en el duelo el infeliz perseguido,
su vencedora celebrará la hecatombe,
la ley clara, y el edicto generoso, serán extendidos,
el muro y el Príncipe serán derrotados en el séptimo día.

Catalina de Médicis y Enrique II, y el asunto de los hugonotes.

19

Al gran real de oro se le agregará bronce,
rota la paz, declarará la guerra un joven,
el pueblo estará preocupado por un jefe llorón,
de sangre bárbara se cubrirá la tierra.

Países pobres que se defienden de una nación rica que antes era su aliada. Centro América contra EE,UU.

20

Una gran armada atravesará los Alpes,
un poco antes nacerá el monstruo feroz,
volverá sobre sus pasos, milagroso y violento,
el gran Toscano hasta su lugar más próximo.

1796, Napoleón invade Italia. Después es desterrado a la isla de Elba.

21

Ante la desaparición de un Rey Latino,
por los que habrá ayudado en su reino,
el fuego iluminará y el botín será repartido,
la muerte pública recibirán los valerosos acusados.

22

Antes de que un grande rinda su alma en Roma,
la armada extranjera sufrirá un tremendo espanto,
los escuadrones harán una emboscada cerca de Parma,
después los dos rojos darán unidos un grito.

23

Los dos contentos estarán unidos,
cuando la mayor parte esté en conjunción en Marte,
el grande de África temblará de espanto,
el duunvirato será desecho por el ejército.

24

El reino y la ley serán construidos bajo Venus,
Saturno tendrá poder sobre Júpiter,
la ley y el reino serán levantados por el sol,
lo peor lo sufrirán los saturninos.

25

El príncipe árabe, Marte, Sol, Venus, León,
el Reino de la Iglesia por mar sucumbirá:
hacia Persia cerca de un millón,
Bizancio, Egipto, auténticas serpientes invadirán.

26

La gente eslava en la hora marcial,
será elevada a un mundo mejor,
el príncipe será reemplazado,
la flota reclutado en las montañas cruzará el mar.

Revolución Rusa.

27

Por el fuego y por las armas, cerca del Mar Negro,
llegará de Persia para ocupar Trebisonda,
temblarán Fato y Mathelin, el Sol se alegrará,
de sangre árabe se cubrirá el mar de Hadria.

Irán invade Turquía.

28

El brazo colgando atado a la pierna,
con el rostro pálido y un puñal en el pecho,
serán heridos tres en el atentado,
al grande de Génova lo atacarán con un hierro.

29

La libertad no será recuperada,
la reemplazará un negro feroz, injusto y villano,
cuando el puente esté preparado
de Híster, Venecia modificará la república.

La referencia de Híster es asociada a Hitler por algunos analistas, pero está más cercana a Histieo, tirano de Mileto (494 a.J.) que realizó actividades de piratería en Bizancio y fue crucificado en Sardes. El negro que aparece en el segundo verso es interpretado como símbolo de las camisas negras de Mussolini, siguiendo la línea de pensamiento del cuarto verso, pero también puede ser traducida como imagen de algún dictador africano. Es incierto el significado final de esta profecía de Nostradamus.

30

En los alrededores de la gran ciudad,
los soldados vivirán en campos y villas,
asaltará París, incitará a Roma,
habrá un gran robo sobre el puente.

31

Por tierra ática, capital de la sabiduría,
que es ahora la rosa del mundo,
estará en ruinas un puente con su gran preeminencia,
será esclava y naúfraga de las olas.

32

Donde está todo bien, están felices el Sol y la Luna,
luego de la exagerada abundancia, llegará la ruina:
desde el cielo se prospera para cambiar la fortuna,
hasta el mismo estado que crea la séptima roca.

Otra vez las desigualdades sociales y el cambio de suerte de la gran mayoría.

33

Serán los gobernantes de la ciudad rebelde,
los que obtendrán fuerzas para recobrar la libertad,
descuartizados serán los hombres en la batalla infeliz,
gritos y alaridos lastimosos se oyen en Nantes.

34

Desde las profundidades del occidente inglés,
donde está el jefe de la Isla Británica:
una flota llegará a la Gironda por Blois,
por el vino y la sal, encierran en barriles al fuego.

Dos cuartetas, 33 y 34, que refieren a acontecimientos de la Revolución Francesa.

35

Por una ciudad libre del gran mar de Selina,
que todavía tiene la piedra en el estómago,
una flota inglesa arribará bajo la niebla,
para llevarse un ramo de la gran guerra abierta.

1991. Guerra del Golfo Pérsico.

36

El hermano de la hermana con fantástica improvisación
mezclará el rocío con un mineral,
sobre la placenta le dona a la vieja tardía
una muerte simple y rural.

37

Trescientos acordarán
que para que termine la espera
veinte meses después deberán seguir de acuerdo
en traicionar a su Rey simulando un odio fingido.

Proceso contra Luis XVI.

38

Este gran monarca que sucederá al muerto
vivirá una existencia ilícita y lúbrica,
por negligente a todos les hará concesiones,
pero al final sacará a la luz la Ley Sálica.

Luis XV de Francia, el miedoso, bisnieto de Luis XIV.

39

De la auténtica rama de la flor de lis ha nacido
instituido y aclamado como heredero de Etruria,
tejerá con largas manos y sangre antigua,
y hará florecer a Florencia en los escudos.

Los Médicis y su alianza con la corona francesa.

40

La sangre real se mezclará
los de la Hesperia forzarán a ello a los Galos,
se esperará que el tiempo se haya terminado
y esté muerta la voz de la memoria.

Franceses y españoles unen sus linajes.

41

Nacido bajo las sombras, y en un día casi nocturno,
habrá un reino en bondad soberano,
hará resucitar la sangre de sus lejanos ancestros,
y renacerá en un siglo de oro que reemplazará al de bronce.

42

Marte sublime en su apogeo más elevado
hará huir a los de Francia:
provocará miedo la gente de Lombardía,
a los del Águila comprimidos bajo Libra.

43

No se desvía del secreto la gran ruina,
Provenza, Nápoles, Sicilia, Seez y Ponza,
en Germania, en el Rin y en Colonia,
herido mortalmente por todos los de Maguncia.

44

Por los piratas del mar será tomado prisionero el rojo,
la paz será turbada por su culpa,
la rabia y la avaricia cometerán ese acto como si fuera santo,
la armada del gran Pontífice se doblará.

45

El gran Imperio rápidamente será desolado,
y será llevado hacia las cercanías del bosque de las Ardenas,
los dos bastardos por el mayor serán decapitados,
y reinará Enobardo, el de la enorme nariz.

46

Cardenales

Los sombreros rojos provocarán querellas y nuevos cismas,
cuando elijan a Sabina,
se producirán grandes sofismas,
y será Roma herida por los albaneses. protestantes

47

El gran árabe marchará anticipado,
y será traicionado por los Bizantinos,
la antigua Rodas vendrá delante
y los Panonios le provocarán un mal mayor.

48

Luego de la gran pena del reino
dos enemigos serán vencidos por ellos,
la flota africana llegará para que nazcan los Panonios,
por mar y por tierra cometerán hechos espantosos.

Cuartetas asociadas (47 y 48) a los versos de la profecía número 27 de esta centuria.

49

No será de España, vendrá de la vieja Francia,
será elegido para conducir la temblorosa embarcación,
al enemigo le consiente la fianza,
el que arrasará su reino con la peste más brutal.

50

✗ El año en que los hermanos de la flor de lis alcancen la Bulgaria
                                                        edad,
reinará uno de ellos en la gran Romanía:
los montes temblarán, el paso latino será abierto,
luego marchará hacia la fortaleza de Armenia.

51

La gente de Dacia, Inglaterra y Polonia,
y de Bohemia lograrán una nueva alianza,
para llegar más lejos de las columnas de Hércules,
Barcinos y Tirrenos intrigarán con crueldad.

52

Un Rey hará lo contrario de lo que todos esperan,
retornarán los exiliados al reino,
nadará en sangre la casta Hipólita,
y florecerá largo tiempo bajo estos signos.

Juan Carlos I de España.

53

La ley del Sol y Venus contenida,
tomando el espíritu de la profecía,
hará que ni uno ni otro sean oídos,
y por el Sol conseguirá la ley del gran Mesías.

54

Del Mar Negro y de la Gran Tartaria,
vendrá un monarca para ver la Galia,
traspasará Alana y Armenia,
y abandonará en Bizancio a la vara sangrante.

55

De la feliz Arabia
nacerá un maestro mahometano,
que derrotará a España y conquistará Granada,
y avanzará por mar hacia la gente de Liguria.

56

Al morir un pontífice muy anciano,
será elegido un romano de buena edad,
del que se dirá que ultrajará la Sede,
y durante mucho tiempo gobernará con obras discutidas.

*1939, a los 82 años fallece Pío XI. Eligen entonces a
Pío XII, el Papa que ocupará la Santa Sede durante la Segunda Guerra Mundial, y que protagonizó un momento*

oscuro de la Iglesia, siendo cómplice, o mudo testigo, del exterminio nazi.

57

Alguien llegará al monte Gaulsier y al Aventino,
y advertirá por el agujero a la armada,
entre dos rocas será escondido el botín,
y el sol perderá su fama.

58

Del acueducto de Uticense y del Garda,
a través de Bosques y montes inaccesibles,
el enemigo del puente será atrapado en un puño,
el jefe, que será tan terrible, también será atado.

59

El jefe Inglés tendrá terror en Nimes,
irá a España en socorro de Aenobarba,
morirán muchos por Marte en esa jornada,
cuando en Artois la estrella caiga en la barba.

60

Para la cabeza rasurada no será fácil elegir,
cuando más avance con su carga, más le costará pasar,
su furor y su rabia serán tan grandes
que a sangre y fuego cualquier sexo cortará.

Napoleón en el comienzo de su derrota.

61

El hijo del grande no estando en su nacimiento
subyugará los altos montes Apeninos,
hará temblar a todos los de Libra
y en las montañas arderá el fuego hasta el Monte Senis.

62

Sobre las rocas se verá llover sangre,
Sol Oriental, Saturno Occidental,
cerca de Orgon sucederá una guerra, y a Roma llegará
el gran mal,
con barcos hundidos y el tridente prisionero.

63

Por una empresa inútil han lamentado perder su honra,
navegan por los fríos mares latinos, los galeotes errantes,
entre las olas y el hambre,
no lejos del Tíber de sangre se teñirá la tierra,
y sobre los humanos caerán diversas plagas.

64

Por descanso de muchos, los de la asamblea,
por tierra y por mar mandarán su consejo:
cerca del otoño genovés, Niza será de la sombra,
por campos y villas el jefe contrabandea.

65

Súbitamente vendrá la causa del gran temor,
para los príncipes y los nobles, que se esconderán,
y la dama encendida no podrá ser vista,
y poco a poco los poderosos se enojarán.

Nuevamente las desigualdades económicas y el avance de los grandes cambios sociales, aparecen en una profecía de Nostradamus.

66

Bajo las viejas construcciones de las vestales,
cerca del acueducto en ruinas,
de Sol y Luna son luminosos los metales,
la ardiente lámpara dorada de Trajano centellea.

67

Cuando el jefe de Perusa no se saque su túnica,
para exhibirse completamente desnudo en la oscuridad,
siete serán capturados para instaurar una aristocracia,
el padre y sus hijos morirán por cuchilladas en el cuello.

68

Al Danubio y al Rin llegará a beber
el gran Camello y no se arrepentirá,
el Ródano temblará y más fuertemente lo harán los de Loire,
y cerca de los Alpes el gallo lo arruinará.

69

El poderoso no tendrá más sueños falsos,
la inquietud empezará a tomar descanso,
vestirá al batallón de oro, azul y rojo
y seducirá a África, hasta comerle los huesos.

70

Regiones sometidas bajo el signo de Libra,
harán temblar los montes con una tremenda guerra,
prisioneros de todos los sexos, y de toda Bizancio,
gritarán al amanecer de orilla a orilla.

71

Por el furor del que aguardará el agua,
por la gran rabia se pondrá en marcha todo el ejército,
repleto de nobles en diecisiete naves,
a lo largo del Ródano, pero el mensajero no llegará a tiempo.

72

Por el placer de un edicto voluptuoso,
se mezclará el veneno con la fe,
Venus será posible en la corte,
y toda ley se enojará por la existencia del Sol.

1598, Edicto de Nantes.

73

Perseguirán a la Iglesia de Dios,
y los santos Templos serán expoliados,
el niño a su madre la dejará sin camisa, la desnudará,
y los árabes serán aliados de los polacos.

74

De sangre Troyana nacerá un corazón Germánico
que se convertirá en el más alto punto del poder,
será echada la gente árabe extranjera,
y volverá la Iglesia a recuperar su prístina preeminencia.

75

Remontará alto, sobre el bien, hacia la derecha,
estará sentado sobre la piedra cuadrada,
apuntando al Sur desde la ventana,
bastón torcido en mano y boca cerrada.

Asamblea Nacional en la Revolución Francesa.

76

En un lugar libre tendrán su pabellón,
y no lograrán conseguir un lugar en la ciudad,
Aix, Carpentras, Isla Volce, Monte Cavaillon,
por todos esos lugares borrará su rastro.

77

Todos los cargos de los honores eclesiásticos,
serán cambiados en dial quirinal,
en Marcial quirinal galardonados,
después, un Rey de Francia, los convertirá en volcánicos.

78

Los dos unidos no lo estarán mucho tiempo,
y en trece años el Bárbaro Sátrapa,
para ambos lados provocará tales pérdidas
que uno llegará para bendecir la Barca y su capa.

79

La sagrada pompa vendrá a vencer las alas,
ante la llegada del gran legislador,
ayudará al humilde y vejará a los rebeldes,
no nacerá sobre la tierra nadie parecido.

Otra vez una profecía sobre la elevación de los humildes, y la aniquilación de los que pretenden impedirlo.

80

Ogmion se aproximará al gran Bizancio,
será echada la Liga de los Bárbaros,
de las dos leyes una abandonará las versiones originales
de los escritos,
Bárbaros y Franceses intrigarán perpetuamente.

81

El pájaro real sobre la ciudad solar
antes de siete meses hará un augurio nocturno,
contra el muro de Oriente lloverán rayos y centellas,
siete jornadas en las puertas estarán los enemigos alertas.

Relacionan estos versos a la Guerra del Golfo Pérsico de 1991.

82

La paz se firmará fuera de la fortaleza
el que vive desesperado no podrá salir jamás de ella,
cuando los de Arbois, de Langres y Bresse,
concierten en el cerro Dolle una emboscada para sus
enemigos.

Saddan Hussein en Bagdag.

83

Los que deban subvertir
al reino invencible
lo harán en tres noches, con fraude,
cuando el más grande lea la Biblia en la mesa.

84

Nacerá del abismo y de la ciudad inmensa,
de padres oscuros y tenebrosos,
la fuerza respetada de un gran Rey,
deseará la destrucción por Ruán y Évreux.

85

En los sitios vecinos a Suevia,
se encarnará la guerra por la causa de las mayorías,
invadirán los cangrejos, las langostas y los mosquitos,
los errores de Leman quedarán al desnudo.

86

Por las dos cabezas y los tres brazos serán separados,
y la gran ciudad por las aguas será penetrada:
los grandes sufrirán el exilio,
y por las cabezas Persas, Bizancio será fuertemente sometida.

87

El año en que Saturno quede fuera de servicio,
a los terrenos franceses los inundarán las aguas,
de sangre Troyana será su matrimonio,
y entre españoles será una hermana más.

88

Sobre la arena, luego de un horrible diluvio,
aparecerá, llegado de otros mares, un terrible monstruo
marino,
en las proximidades del lugar será construido un refugio,
que convertirá a Savona en esclava de Turín.

89

En Hungría, a través de Bohemia y Navarra,
y llevando por bandera falsas sediciones,
por la flor de lis elevada como escudo
sus emociones viajarán contra Orleáns.

90

En las Cícladas, en Perinto y Larisa,
en Esparta y todo el Peloponeso,
habrá hambre y peste por la falsa alianza,
resistirá nueve meses.

91

Desde el gran mercado de los mentirosos
en todo el torrente y el campo ateniense,
serán sorprendidos por ligeros caballos,
por Marte de Albania, por Leo y por Acuario.

92

Después de que la sede se mantenga diecisiete años,
cinco cambiarán en ese lapso,
será elegido después al mismo tiempo,
el que no estará muy feliz con los romanos.

93

Bajo el terruño del redondo globo de la luna
cuando Mercurio domine,
Escocia será luz
y llevará a los ingleses a la decadencia.

94

Trasladará a la gran Germania
Brabante y Flandes, Gante, Brujas y Bolonia,
la tregua santa, el gran duque de Armenia,
asaltará Viena y Colonia.

95

El remo náutico convocará a las sombras,
para reunirse en el gran imperio,
los tropiezos que presenta el Mar Egeo
no deja que las olas se eleven del Mar Tirreno.

96

La rosa, en medio del gran mundo,
Por nuevos acontecimientos, derramará sangre en público,
cada uno mantendrá su boca cerrada
y no llegará a tiempo el esperado tan necesitado.

   La Rosa Mística.

AUXILIO-
PAPAL: JUAN PABLO 2
posiblemen ASESINADO.
te

97

Los deformes serán incinerados con horror,
en la ciudad donde habita el gran Rey,
el severo edicto contra los prisioneros será revocado,
granizo y truenos provocarán grandes males en Condon.

98

A cuarenta y ocho grados de temperatura,
la gran sequía hacia el fin de Cáncer,
con peces en mares y ríos, pero cocinados y con fiebre
                                         en el lago,
Bearn y Bigorre con problemas por el fuego en el cielo.

99

Milán, Ferrara, Turín y Aquilea,
Capua, Brindisi, serán violadas por los celtas,
por el león y la falange
cuando el viejo jefe británico llegue a Roma.

100

El que lanza fuego es atrapado por sus propias llamas,
fuego en el cielo en Carcas y Cominge,
Foix, Aux, Mazere, escapará un anciano venerable,
por los de Essen, de Sajonia y Turingia.

CENTURIA
VI

El enemigo intelectual se tornará confuso,
Ni un solo insulto será pasado por alto,
Los exiliados serán pobres y no recibirán ayuda,
Los letrados y sus letras no serán respetados,
Un gran reino aparecerá desolado,
Las avispas y las moscas lo habitarán,
El amor estará disgustado,
El veneno azucarado bañará las cerezas,
Y serán muertos los asesinos
Al grito de ¡Oprimidos! ¡Oprimidos!

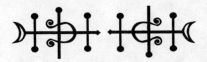

1

Alrededor de los montes Pirineos se realizará una gran
reunión
de gente extraña para ayudar al nuevo Rey,
cerca de Garona, en el gran templo de Mas,
un jefe romano le causará miedo dentro del agua.

2

Más o menos en el año quinientos ochenta,
se vivirá una época muy extraña,
en el año setecientos tres, serán testigos los cielos,
en diferentes reinos, de uno a cinco, sucederán cambios.

*1589, Enrique IV (los Borbones en Francia); 1700,
Felipe V (Dinastía de Borbón en España).*

3

El río que agita al celta recién nacido
tendrá una gran discordia con el imperio,
el joven príncipe, prevenido por gente del clero,
apartará al cetro real de la concordia.

4

El río Celta mudará sus orillas,
no tendrá resistencia la ciudad de Agripina,
todo cambiará, todo menos el antiguo idioma,
Saturno, Leo, Marte, Cáncer en rapiña.

5

Si una plaga provoca una gran hambruna
por una larga lluvia través del polo ártico,
en Samatobryn, a cien leguas del hemisferio,
vivirán sin ley, y sin política.

6

Aparecerá hacia el norte
no lejos de Cáncer, la estrella de largos cabellos,
Susa, Siena, Boecia, Eretrión,
Morirá en Roma un grande, más allá de la noche.

Cuando aparezca un cometa, morirá un Papa.

7

Noruega y Dacia y la Isla Británica,
por los mismos hermanos serán vejadas,
el jefe Romano nació de sangre gala,
y los ejércitos serán rechazados en los bosques.

8

Los que estaban en el reino para aprender
serán dañados por el cambio de Rey,
los exiliados serán pobres, y no recibirán ayuda,
los letrados y sus letras no serán muy respetados.

*Los intelectuales, los eruditos y los creadores, persegui-
dos y marginados. Profecía que nos habla del desprecio por
el conocimiento, de cómo se subestiman la ciencia y el pensamiento, de una época donde se entroniza la trivialidad.*

9

En los sagrados templos estarán los escándalos
para ser pensados como alabanzas y honras,
del que tiene las medallas de oro y de plata,
el fin llegará con extrañas torturas.

*Crítica hacia Enrique IV y las prácticas protestantes.
Muerte de San Bartolomé.*

10

Por poco tiempo los templos de colores
en blanco y negro se verán,
rojos y amarillos serán suyos,
sangre y tierra serán peste, arrasadas por fuego de agua
enloquecida.

11

Las siete ramas a tres serán reducidas,
los más viejos serán sorprendidos por la muerte,
el fratricidio seducirá a dos de ellos,
los conjurados, mientras duerman, serán muertos.

Enrique II de Francia y Catalina de Médicis, y sus descendientes.

12

Elevando a la tropa para alcanzar al Imperio,
el Vaticano será resistido por la sangre real,
Flamencos, ingleses, España con Aspirio,
peleará contra italianos y franceses.

13

Alguien que duda no llegará lejos del reino,
la mayoría lo querrá sostener,
el capitolio no deseará verlo en el reino,
su gran carga no podrá conservar.

14

Lejos de su tierra el Rey perderá la batalla,
cuando esté cerca de escapar será capturado por sus
perseguidores,
bajo la malla dorada será prisionero,
bajo un hábito falso y con el enemigo sorprendido.

1578, Batalla de Alcazarquivir, desaparece en el fragor de la lucha Sebastián de Portugal. Durante mucho tiempo creyeron que estaba vivo y que regresaría para ocupar su trono, aunque todos sabían que había sido mortalmente herido en la pelea.

15

Debajo de la tumba será hallado en príncipe,
que será premiado por encima de Nuremberg,
el Rey de España en tenue Capricornio
será engañado y traicionado por el gran Vuitemberg.

16

El que será raptado por el joven Milvio,
por los normandos de Francia y Picardía,
los negros del templo de la Selva Negra,
harán refugio y fuego de Lombardía.

17

Luego de que las limas sean quemadas, los muleros,
estarán obligados a mudar sus ropas,
los saturninos serán incendiados por los molineros,
excepto los que no serán cubiertos.

18

Los médicos abandonarán al gran Rey,
seguirá vivo por fortuna, no por la ciencia del hebreo,
el Rey y su yerno serán enviados a lo más elevado,
gracia recibida por la gente que envidia a Cristo.

19

La llama verdadera devorará a la dama,
que vendrá para arrojar a los inocentes al fuego,
antes del asalto el ejército se excitará,
cuando en Sevilla sea visto un buey monstruoso.

20

La falsa unión será de poca duración,
algunos habrán cambiado, la mayoría se habrá reformado,
en las naves la gente se endurecerá,
y Roma conseguirá un nuevo leopardo.

España, Venecia y el Pontificado forman la Liga Santa. El Papa León X es el leopardo.

21

Cuando se unan los del polo ártico
en Oriente ocurrirán hechos espantosos que provocarán
terror,
a pesar de ser recién elegido y sostenido, el grande tiembla,
Rodas y Bizancio se teñirán de sangre bárbara.

22

En el país del gran templo de los celtas,
un sobrino de Londres será asesinado por una paz simulada,
la barca se convertirá, entonces, en cismática,
fingirán la libertad a coro y a los gritos.

23

El espíritu del reino será desacreditado,
el pueblo se alzará contra su rey,
al renovar la paz, empeorarán las leyes santas,
nunca París estuvo envuelta en semejante desorden.

Revolución Francesa.

24

Cuando Marte y Júpiter se unan
bajo Cáncer habrá una calamitosa guerra,
un tiempo después será ungido un nuevo Rey,
que durante largo tiempo pacificará la tierra.

25

Marte le llevará la contra a la monarquía,
el gran pescador estará sumergido en una ruinosa confusión,
el joven negro rojo tomará la posta de la jerarquía,
los traidores arribarán en un día con niebla.

CARDENAL a PAPA.

26

Soportará la Sede que pasen cuatro años,
y el que suceda llevará una libidinosa vida,
Ravena y pisa apoyarán a Verona,
para elevar la cruz del Papa.

Paulo IV, Papa entre 1555 y 1559.

27

En las islas de uno a cinco ríos
por la creciente del gran Chirén Selín,
por las brumas del aire enfurece,
entre fardos de lino serán seis los fugitivos.

28

El gran celta entrará en Roma,
liderando batallones de exiliados y prohibidos,
el gran pastor condenará a muerte a todos,
que por el gallo estén unidos a los Alpes.

Napoleón ocupa Italia.

29

La viuda santa está escuchando las noticias,
desde sus ramas colmadas de perplejidad y temor,
conducido para apagar los conflictos,
por la persecución de los religiosos quedará colmado.

30

Por la apariencia de santo sanidad
la sede será traicionada por los enemigos,
en una noche en que todos pensaban dormir seguros,
hasta cerca de Brabante, marcharán los de Lieja.

1940, Alemania invade los Países Bajos.

31

El Rey encontrará lo que tanto deseaba,
cuando el Prelado sea reprendido por un error,
su respuesta lo pondrá de mal humor al duque,
y en Milán a varios los empujará hacia la muerte.

32

Por una traición alguien será herido de muerte con una
lanza,
entonces el propio traidor será desbordado por su desorden,
un consejo frívolo será oído por el gran prisionero,
y la nariz enfurecerá cuando Beriche llegue muerto.

*1820, asesinan al duque de Berry, segundo hijo del que
con el tiempo será Carlos X.*

33

Su mano final será sanguinaria por Alus,
no podrá salvarse por mar,
entre dos ríos la mano militar tendrá miedo,
los negros injuriados harán que se arrepientan.

Conflictos raciales en Estados Unidos.

34

La máquina de fuego voladora
vendrá a molestar al gran jefe sitiado,
adentro será tan grande la sedición
que los asediados se desesperarán.

35

Cerca de Orion y junto a la Vía Láctea,
Aries, Tauro, Cáncer, Leo, Virgo,
Marte, Júpiter, el Sol incendiará la gran planicie,
bosques y ciudades, cartas ocultas en el cirio.

La revelación astrológica y la conjunción astronómica se-
ñalan un recalentamiento súbito del planeta.

36

Ni por bien, ni por mal, ni por la batalla terrestre,
se llegará a las fronteras de Perusa,
Se rebelará Pisa, Florencia tomará el mal camino,
En la noche, sobre su mula, un rey será herido.

37

La antigua obra será terminada,
caerán del techo los infortunios sobre el grande,
un inocente será acusado y condenado a muerte,
el verdadero culpable se ocultará en el bosque bajo la
                                                    bruma.

Luis XVI quiere huir pero es detenido.

38

A los anhelos de paz, los enemigos,
luego de haber derrotado a Italia,
será encargado un negro sanguinario y enrojecerá,
fuego y sangre verterá, pintará las aguas con esa sangre.

39

El hijo del reino ante el paternal rescate,
será echado del reino por liberar a su padre,
cerca del lago Trasimeno será capturado por los azules,
la tropa que lo tiene prisionero se emborracha.

40

El grande de Maguncia, para apagar su sed,
será privado de su gran dignidad,
los de Colonia tan fuertemente se quejarán,
que el grande será expulsado de espaldas al Rin.

41

El segundo jefe del reino de Dinamarca,
por los Frisia y la Isla Británica,
hará gastar más de cien mil marcos,
para explotar inútilmente su viaje en Italia.

42

A Ogmios le será dejado el reino,
del gran Selín, que podrá hacer mucho más que los otros,
por las Italias extenderá sus banderas,
y será regido por el prudente contrahecho.

43

Estarán mucho tiempo sin habitar,
las orillas que mojan el Sena y el Marne,
los militares del Támesis intentaron
engañar a los guardias prescindiendo del asalto.

44

De noche, por Nantes, aparecerá el iris,
desde las artes marinas provocarán la lluvia,
en el golfo arábigo se hundirá la gran flota,
en Sajonia nacerá el gran monstruo, hijo de un oso y
una puerca.

Otra versión de la Guerra del Golfo.

45

El gobernador prudente
no consentirá la voluntad del Rey,
la flota de Melilla por el viento en contra
será abandonada al más traicionero.

1936, sublevación en Melilla, uno de los primeros pasos de la Guerra Civil Española.

46

Al justo lo castigarán con el exilio,
a los confines de Nonseggle, empujado por la peste,
le responden al rojo y lo desbordan,
el rey retirará a la Rana y el Águila.

47

Entre dos montes los dos grandes en asamblea
abandonarán su secreto disfrazado,
Bruselas y Dolle serán abrumados por Langres,
para llenar de peste al Maligno.

1939, pacto de soviéticos y germanos, y reparto de Polonia.

48

La santidad finge y seduce
con un discurso prudente,
conseguirán que la vieja Parma,
Florencia y Siena permanezcan desiertas.

La Iglesia provoca calamidades con falsas peroratas.

49

Siguiendo a Mammer, el gran Pontífice,
invadirá los confines del Danubio,
las cruces serán echadas con robo y violencia,
prisioneros, oro, anillos, más de cien mil rublos.

Un Papa provoca guerras para conveniencia de la Iglesia.

50

Los huesos serán encontrados en el pozo,
será cometido el incesto por la madrastra,
el estado cambiará y aparecerán conflictos,
y Marte aguardará por sus astros.

51

El pueblo en asamblea verá un nuevo espectáculo,
príncipes y reyes estarán entre los numerosos asistentes,
demolerán los pilares y los muros caerán, por un milagro
el Rey salvará su vida, y también treinta de los presentes.

52

En lugar del grande condenado
su amigo será el prisionero,
la esperanza Troyana de unión será abortada en seis meses,
con el Sol en la urna, serán convertidos en hielo los ríos.

53

El gran prelado Celta, sospechoso para el Rey,
de noche súbitamente huirá del reino,
gracias a un Duque fiel al Rey Británico,
de Turquía a Chipre y a Túnez sin imaginar conjeturas.

54

Al despuntar la jornada, sobre el segundo canto del gallo,
los de Túnez, de Fez y de Begía,
tomarán prisionero al Rey de Marruecos
en el año mil seiscientos siete de la liturgia.

En 1607 nada de lo descripto por Nostradamus en estos versos ha sucedido.

55

El Duque loco ocupa el espacio
y descubre una vela árabe,
Trípoli, Chío y los de Trapesonce,
estará prisionero el duque en el Mar Negro, y la ciudad
desierta.

Guerra de Crimea, entre 1835 y 1856.

56

La valiente armada del enemigo de Narbona,
meterá terror en España,
Perpiñán será desierta por el ciego Darbón,
y Barcelona atacará por mar.

1658, Tratado de los Pirineos. Francia anexa Perpiñán, disputada con España.

57

El que se mantenga en el reino
con un jefe rojo cercano al poder,
será cruel y se hará temer tanto,
que continuará a la monarquía sagrada.

58

Entre los dos monarcas alejados,
cuando el Sol se oscurezca por Selín,
se convertirán en enemigos
y se liberarán las Islas y Siena.

59

La dama enfurecida por el adulterio
conjurará contra su príncipe,
pero será eliminada por la censura,
porque diecisiete serán condenados a muerte.

60

Cuando el Príncipe esté afuera del territorio Celta,
será traicionado por un intérprete,
Ruán, La Rochela por los de Armórica,
en el puerto de Blave será decepcionado por un monje.

61

No exhibirá del gran tapiz enrollado
más que una parte de la historia,
los exiliados vendrán desde lejos
y todos creerán en los hechos bélicos.

62

Las dos flores se habrán perdido, *Rosamística Flor/Lis —*
contra la ley de la serpiente será inútil pelear, *GUERRA*
las fuerzas ligures serán condenadas,
Savona y Albenga sufrirán un gran martirio.

hambre — Pestes —

63

La dama ha sido abandonada en el reino,
su honra, fue por primera vez alcanzada, por el único,
siete años será torturada hasta el dolor,
después vivirá largos años felices en el reino.

64

No se alcanzará ningún pacto de paz,
sólo serán aceptados los engañados por trampas,
de paz y de tregua, por tierra y por mar, todos protestarán,
por Barcelona la flota asaltará aprovechando la ingenuidad.

65

Entre grises y escritorios, estallará una guerra semiabierta,
en la noche serán saqueados,
el escritorio prisionero será atacado por la ira,
abrirán su templo, en la parrilla habrá dos asados.

66

En la fundación de la nueva secta,
serán encontrados los huesos del gran romano,
el sepulcro aparecerá cubierto de mármol,
temblará la tierra en abril, serán mal sepultados.

67

Al gran Imperio le sucederá otro diferente,
entre la bondad y la felicidad,
gobernado por un hombre de origen humilde,
el reino sufrirá una gran infelicidad.

68

Cuando el furor de los soldados sea sedicioso,
contra su jefe harán relucir sus hierros en la noche,
el enemigo del Alba traerá la mano furiosa,
y vejará a Roma y seducirá a los generales.

1556, el Virrey de Nápoles invade los Estados Pontificios. Más que una profecía, es una descripción de los hechos.

69

Llegará la piedad sin tardar más,
los que dieron deberán tomar,
desnudos, con frío, sedientos, malheridos,
cruzarán los montes provocando un gran escándalo.

70

El jefe del mundo será el gran Chiren,
más amado que nadie, y más temido que ninguno,
su fama y sus elogios excederán los cielos,
y por uno solo de sus títulos de vencedor estará contento.

Chiren ("Enrich") será el dueño del mundo.

71

Cuando llegue el gran Rey a emparentar,
antes de que derroten el alma del todo,
se lo verá claramente aparecer,
ante los leones, las águilas y la cruz, con la corona vendida.

Sigue la profecía anterior.

72

Por la falsa ira de la emoción divina
será la mujer de la gran fortaleza violada,
los jueces condenarán la doctrina
y habrá una víctima inmolada ante el pueblo ignorante.

María Antonieta en la guillotina.

73

En la gran ciudad un monje y un artesano,
cerca de las puertas y las murallas,
hablará con moderación contra los secretos de Módena,
tramarán la traición bajo el color de los esponsales.

74

La desterrada retornará al reino,
sus enemigos serán descubiertos como conspiradores,
pero tendrá la más grande de las victorias de su tiempo,
tres y setenta serán asesinados.

75

El gran piloto por el Rey será llamado,
para abandonar la armada y atender al más alto lugar,
siete años después habrá contrabando,
la armada bárbara vendrá a Venecia para hacerla temblar.

Gaspard de Chatillon, señor de Coligny, almirante de la armada francesa.

76

La antigua ciudad será forjada por Antenor,
y no podrá aguantar más al tirano,
con un mango escondido, en el templo, le cortarán el cuello,
el pueblo los condenará a muerte.

77

Por la victoria del desairado fraudulento,
uno de los dos batallones hará una revuelta contra Germania,
el jefe y sus hijos serán muertos en la tienda,
Florencia, Imola, serán perseguidas en la Romania.

78

Gritarán la victoria del gran Selín,
los romanos aclamarán al águila,
Ticino, Milán y Génova, lo consentirán,
Luego, el gran Basil será aclamado por ellos.

79

Cerca de Tesín los habitantes de Lora,
Garona y Saona, Sena, Taín y Gironda,
elevarán un promontorio detrás de las montañas,
ante el conflicto, una ola los sumergirá desde el Po.

80

El reino de Fez avanzará por Europa,
el fuego devorará la ciudad, y la espada la atravesará,
el grande de Asia marchará con su gran ejército por tierra
y por mar,
y a los azules, y los persas, los conducirá hacia la muerte.

81

Llanto, alaridos, quejas, gritos, terror,
un corazón inhumano, cruel, negro y aterido,
Lemán, las islas, los mayores de Génova,
sangre derramada, frío, hambre, a nadie se lo tratará con
piedad.

Las cuartetas 78, 79, 80 y 81 hablan de un triunfo islámico, y de Europa sucumbiendo frente a su empuje.

82

Por los desiertos de un lugar libre y huraño,
el sobrino del gran pontífice llegará a equivocarse,
será asesinado a golpes de tronco por siete,
ellos ocuparán Cife más tarde.

83

El que habrá conseguido honor y caricias,
en su arribo a la Francia belga,
cometerá muchos hechos groseros,
y será enemigo de la flor bélica.

Enrique III de Francia envía al duque de Alencon a Amberes.

84

Claudio no podrá reinar en Esparta,
y utilizará tanto su poder de seducción,
que en algún momento será atacado,
y en su futuro deberá ponerse en contra del Rey.

Algunos analistas insisten en asociar estos versos a la llegada al poder de Hitler, 1933, pero podemos leer esta cuarteta de muchas formas, y encontrar infinidad de personajes y situaciones parecidos a los descriptos.

85

La gran ciudad de Tarso sitiada por los Galos,
será destruida, y los prisioneros serán llevados a Turbán,
serán socorridos por el mar del gran portugués,
la primera de las jornadas de un verano, el dúia de San
                                                    Urbano.

86

El gran Prelado tendrá un sueño, un día después,
interpretado en contra de su verdadero sentido,
de la Gascuña vendrá un monje,
que hará elegir al gran Prelado de Sens.

Elección de un Papa.

87

La elección realizada en Frankfurt,
tendrá una consecuencia nula, se opondrá Milán,
el más cercano semejará ser el más fuerte,
y expulsará a los moros del otro lado del Rin.

(2) *Sigue la profecía de las cuartetas 78, 79, 80 y 81, del* avance del Islam en Europa.

88

Un gran reino aparecerá desolado,
cerca del Ebro se reunirán en una asmblea,
lo traerán consuelo los Montes Pirineos,
cuando en mayo la tierra comience a temblar.

Aproximación a la Guerra Civil Española.

89

Entre dos redobles, pies y manos atados,
su cara untada con miel, y con leche mojada,
las avispas y las moscas fétidas lo habitarán, el amor
disgustado
por falsas previsiones, tentará a Cife.

90

La despreciable ignominia
luego de los actos será felicitada,
el grande será disculpado por no estar a favor
de que Neptuno incite a la paz.

91

El conductor de la guerra naval
será un horrible asesino, rojo desenfrenado y severo,
huirá el prisionero, escondido entre las guarniciones,
cuando nazca del grande un hijo que nombrarán Agripa.

92

Un príncipe de belleza tan admirada,
será traído ante el jefe, y traicionado inmediatamente,
la ciudad bajo la espada de polvo será dominada, con el
rostro huraño,
por el genocidio, el jefe será odiado por el Rey.

93

Un prelado avaro, por la ambición es trampeado,
no hallará nada importante para impedirlo,
él y sus mensajeros serán capturados,
cuando descubran al que corta la madera al revés.
Cardenal Richelieu.

94

Un Rey se enojará por las ofensas,
cuando los instrumentos de guerra sean vedados por la ley,
el veneno azucarado bañará las cerezas,
y serán muertos los asesinos al grito de ¡Oprimidos!
¡Oprimidos!

*Una gran revuelta pacificará al mundo, luego de conde-
nar a muerte a los injustos.*

95

El detractor calumniará al recién nacido,
cuando sucedan hechos muy importantes,
la minoría llenará de dudas a la mayoría,
rápidamente surgirán divisiones en el reino.

96

La gran ciudad será abandonada a los soldados,
nunca existió tan cercana una turbulencia mortal,
¡Qué horrible matanza llega!
Ni un solo insulto será pasado por alto.

*1572, Nostradamus describe la Noche de San Bartolo-
mé en París.*

97

El cielo nos hará arder a cuarenta y cinco grados,
el fuego llegará a las cercanías de la gran ciudad nueva,
inmediatamente, una gran llama se diseminará,
cuando quieran probar a los normandos.

98

Arruinada en los Volsgos de tan terrible temor,
su gran ciudad sucia se transformará por la peste,
robarán el Sol y la Luna, y profanarán sus templos,
los dos ríos se volverán rojos de sangre.

99

El enemigo intelectual se tornará confuso,
un campo enfermo y dominado por emboscadas,
serán rechazados por los montes Pirineos y Poeno,
en las orillas del río descubriendo antiguas urnas.

100

¡Hija de la Aurora! ¡Asilo del malsano!
donde hasta el cielo se ve el anfiteatro,
un prodigio será descubierto, ¡el mal está cerca!
Serás capturada más de cuatro veces.

CENTURIA VII

Bajo las sombras falsas
Se divulgará el nombre de los traidores,
Habrá hiedra de oro
Y yunque oculto en la bala,
Habrá hambruna, peste, guerra,
Y un intento de poner fin a los males,
El sepultado por un sueño será excluido de la tierra,
Solo entonces la casa recobrará la salud,
Y será habitada sin ruidos,
Los acusados por la muerte serán atrapados.

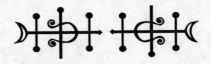

1

El arco del tesoro por Aquiles seducido,
para la posteridad, expondrá la cuadrangular,
por el Rey, el comentario será percibido,
será colgado un cuerpo por voluntad popular.

1617, Concino Concini, preferido de María de Médicis, es condenado a muerte por robo.

2

Por Marte, Arlés ofrecerá guerra abierta,
en la noche los soldados tendrán miedo,
el Negro y el Blanco, a la India, viajarán disimulados en
la tierra,
bajo las sombras falsas, se divulgará el nombre de los
traidores.

En esta cuarteta, en el primer verso, leemos la palabra "Arlés". Una absuda interpretación creyó encontrar en ella al anagrama de láser. Una más de las caprichosas exégesis a las que se vio sometida la obra de Nostradamus, transformando bellos poemas en profecías ridículas y, a veces, con lecturas malintencionadas.

3

Luego de la victoria naval de Francia,
sobre barceloneses, salinones y focenos,
habrá hiedra de oro, y yunque oculto en la bala,
los de Tolón aceptarán el fraude.

4

El duque de Langres será sitiado en Dolle,
en compañía de los de Autun y de los de Lyon,
Ginebra y Habsburgo, se unirán a los de Mirándola,
pasarán las montañas contra los de Ancona.

Campañas de los hugonotes.

5

Sobre la mesa se derramará el vino,
el tercero no llegará a lo que pretende,
dos veces, el negro que viene de Parma,
le hará a Perusa lo que Pisa quería.

Fin del siglo XVI, luchas entre villas italianas.

6

Nápoles, Palermo y toda Sicilia,
por manos bárbaras serán deshabitadas,
en Córcega, Salerno y la isla de Cerdeña,
habrá hambruna, peste, guerra y un intento de poner fin
a los males.

7

Sobre la batalla de los grandes corceles rápidos,
se gritará la creciente confusión,
en la noche, habrá asesinatos en los montes, en las casas
de los pastores,
abismos rojos agrietarán las profundidades de la fosa.

8

Flora, ¡huye!, ¡huye de la proximidad del romano!,
en Felusán sucederá el conflicto,
sangre expandida, y los principales tomados a mano como
prisioneros,
no serán perdonados ni el sexo ni el templo.

9

Una dama ante la ausencia de su gran capitán,
será solicitada de amores por el virrey,
llegarán las falsas promesas y los regalos a destiempo,
desde las manos del gran príncipe de Bar.

10

El gran príncipe de los límites de Mans,
animoso y valiente jefe del gran ejército,
por mar y por tierra, Galos y Normandos,
harán destrozos en Barcelona, y robarán en la Isla.

11

El infante real menospreciará a la madre,
ojos, pies heridos, rudeza, desobediencia,
le revelarán a la extraña dama amarga
que serán muertos más de quinientos de los suyos.

María de Médicis y la contra de su hijo Luis XIII.

12

Pondrá fin a la guerra el gran nacido,
los dioses reúnen a los exiliados,
Cahors y Moissac irán más allá de la barricada,
rechazarán a Lestore, Angers será arrasado.

13

De la ciudad marina y tributaria,
la cabeza rasurada capturará la satrapía,
echará a un hombre sórdido que después será enemigo,
durante catorce años mantendrá la tiranía.

Los catorce años de poder de Napoleón Bonaparte.

14

Exhibirá falsamente la topografía,
serán violadas las urnas de los monumentos,
pulularán sectas, filosofías santas,
y se darán negras por blancas, y verdes por maduras.

ITALIA

15

Sobre la ciudad de Milán
por siete años habrá un bloqueo,
el Rey entrará,
y eliminará a los enemigos de la ciudad.

16

La gran Reina tendrá un ingreso penetrante,
convertirá el lugar en poderoso e inaccesible,
la armada de los tres leones será derrotada,
y convocará a un horrible y tremendo caos en el interior.

17

El príncipe, escaso de piedad y de clemencia,
luego de otorgar la paz a los suyos,
mudará su conocimiento de la muerte,
por un reposo infinito, para que el reino se ponga en
movimiento.

18

Los sitiados pondrán colores en sus armas,
siete días después harán una cruel escapatoria,
serán rechazados a sangre y fuego. Siete morirán a hachazos.
La dama cautiva había tejido la paz.

Estas cuatro cuartetas, 15, 16, 17 y 18, forman una historia, cuentan el sitio de una ciudad.

Más que una profecía, parece ser la descripción de hechos vistos o previstos por Nostradamus.

19

La fortaleza nizarda no será combatida,
porque será derrotada por el metal brillante, misil
por mucho tiempo debatirán los hechos,
para los ciudadanos será un raro espantapájaros.

178

20

Embajadores del idioma toscano,
atravesarán los Alpes, y cruzarán el mar en abril y mayo,
pronunciarán una arenga
para difamar a Francia.

21

Por la pestilencia de la enemistad de los Volscos,
con disimulo echarán al tirano,
se hará un trato sobre el puente de Sorgues,
y lo condenarán a muerte, a él y a sus adherentes.

22

Los ciudadanos de la Mesopotamia,
se encontrarán con los amigos de Tarragona,
juegos, ritos, banquetes, toda la gente está adormecida,
con el vicario en el Ródano, la ciudad será bloqueada
por los bordelenses.

23

El cetro Real tendrá la obligación de capturar
lo que sus predecesores solicitaron,
por el anillo habrá malentendidos,
cuando vengan a saquear el palacio.

24

El sepultado escapará de su tumba,
el poderoso sobre el puente será encadenado,
envenenará con huevos de pescado,
el marqués del puente al grande de Lorena.

25

Por una larga guerra se consume el ejército,
para los soldados no habrá paga,
en lugar de hacerlo sobre el oro y la plata, se acuñará
                                                    en cuero,
bronce galo, signo creciente de la Luna.

26

Fustas y galeras rodean a siete barcos,
será librada una guerra mortal,
el jefe de Madrid recibirá un disparo,
dos escaparán, cinco serán trasladados a tierra.
    Batalla de Trafalgar.

27

La gran caballería, en un rincón arrasado,
cerca de Ferrara, devorada por el bagaje,
pronto en Turín, hará semejante cacería
que en la fortaleza tomarán rehenes.

28

El capitán conducirá a una gran captura
sobre la montaña más próxima a los enemigos,
rodeado por el fuego dibujará un sendero,
por el que todos huirán, menos treinta que serán incendiados.

29

El gran Duque de Alba se volverá rebelde,
y traicionará a sus padres,
el grande de Guisa llegará para derrotarlo,
y será cautivo, y se levantará un monumento.

    *1556, Nostradamus describe la invasión a los Estados
Pontificios por el tercer Duque de Alba.*

30

Se aproxima el saqueo, fuego y sangre derramada,
Po, grandes ríos, conveniencias de los boyeros,
de Génova y Niza, luego de tanta espera,
Fossano, Tirín, en Savillán apresarán.

Siglo XVI, lucha entre ciudades italianas.

31

Del Languedoc y Guyena más de diez
querrán cruzar los Alpes otra vez,
grandes Allóbroges marcharán contra Brundis,
Aquino y Bresse los vencerán nuevamente.

32

En Montreal nacerá de buena casa
el que vendrá a tiranizar al duque y al conde,
elevará a la tropa marchado hacia Millane,
de Faenza y Florencia expulsará la gente.

33

Por fraude, un reino y sus fuerzas serán despojados,
la flota se obsesionará por la existencia de la espía,
dos falsos amigos llegarán para aliarse,
resucitarán un odio largo tiempo dormido.

1939, pacto entre los soviéticos y los alemanes.

34

Con una gran pena estarán los galos,
su corazón liviano los hará temerarios,
ni pan ni sal ni vino ni agua, ni siquiera veneno, ni cerveza,
el gran prisionero sentirá hambre, frío y necesidad.

35

El gran pez se lamentará y llorará
por haber elegido, se equivocará en la edad,
el jefe no querrá vivir con ellos,
será traicionado por los de su idioma.

36

Dios, el cielo, todo el verbo divino en el agua,
llevado por siete rojos a Bizancio,
contra los trescientos ungidos de Trebisonda,
dos leyes causarán terror, después fe.

37

Diez han sido enviados para asesinar al jefe del barco,
ha sido advertido por alguien, y la flota entrará en guerra
abierta,
hay una confusión, alguien se pincha y fallece,
en el Rin, barcos y mierda, y el jefe en el fondo.

38

El primogénito Real, haciendo piruetas sobre el caballo,
lo azotará y trotará con ferocidad,
la boca y los labios entreabiertos, y el pie colgando del
estribo,
arrastrado, tendrá una espantosa muerte.

*1842, de esta manera, bellamente descripta en estos versos
por Nostradamus, muere Fernando, el hijo del rey Luis Felipe.*

39

El responsable del ejército de Francia,
temiendo perder la tropa más importante,
por encima del camino de piedra y pizarra,
entrará por Génova, un ejército extranjero.

40

En toneles vacíos untados de aceite y grasa,
serán veintiuno ante el puerto cerrado,
en segunda ronda harán proezas por la muerte,
para alcanzar las puertas, y ser acechados por los asesinos.

El regreso del Caballo de Troya.

41

Los huesos de los pies y de las manos entre grilletes,
una mansión deshabitada hace mucho tiempo por culpa
de un ruido, *blas femini*
politica
el sepultado por un sueño será excluido de la tierra,
sólo entonces la casa recobrará su salud, y será habitada,
sin ruidos.

Una casa encantada y la exhumación de un cuerpo.

42

Dos dosis de veneno serán entregadas por los recién
venidos,
para echar en la comida del príncipe,
el desaguadero los denunciará,
y los acusados por la muerte serán atrapados.

Un magnicidio por envenenamiento.

En esta centuria encontramos sólo cuarenta y dos cuarte-tas; las restantes repiten versos de las anteriores. Quizás ha-yan llegado hasta nuestros días estas que transcribimos, y las restantes se hayan perdido, y, por esta razón, luego de suce-sivas ediciones, se hayan intercalado las otras conocidas. Con esta excusa se han inventado cuartetas, falseando el verdade-ro sentido de las profecías del poeta de los tiempos. Nosotros coincidimos en el criterio de algunas ediciones, que han pre-ferido acercar a los lectores sólo las de comprobada escritura de Nostradamus. Es lo que merece toda obra poética.

CENTURIA
VIII

El rey tiene a los suyos como rehenes,
Desde la riqueza conducirán al mundo al deshonor,
Los ricos súbitamente serán pobres,
Campos helados, luego granizo y brisa gélida,
En una nueva tierra
Los ciudadanos tendrán un lugar para la fiesta,
El seductor será enviado a la fosa
Y atado por mucho tiempo,
Por el exceso de fe
Una vida se pierde en el juego.

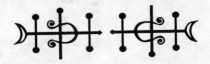

1

Pau, Nay, Loron, habrá más fuego que sangre,
nadando por el Aude escapará el grande de sus

         perseguidores,
los aggassas rechazarán su ingreso,
Pamplona y Duranza los tendrá encerrados.

2

En Condon y Aux, y en los alrededores de Miranda,
veo el fuego en el cielo,
el Sol y Marte se unen a Leo, luego Marmamda,
un rayo, una guerra, y el muro que se derriba en el río

         Garona.

3

En el río de Vigilance y Resviers,
será encerrado el más joven de Nmcy,
dentro de Tirín los primeros serán incendiados,
cuando Lyon esté de luto.

4

En Mónaco recibirán al gallo,
aparecerá el cardenal de Francia
y será defraudado por la legación romana,
la debilidad del águila y la fuerza del gallo crecerán.
 Richelieu ayuda a Francia a ingresar en Mónaco.

5

Aparecerá un templo brillante y ornado,
la lámpara y el cirio en Borne y Breteuil,
por la Lucerna será desviado el canton,
cuando al gran gallo se lo vea en el ataúd.

187

6

La claridad cegadora fulgura en Lyon,
brillante, Malta ocupada de luces, y súbitamente apagada,
con sardos y moriscos se relacionará con bromas,
de Ginebra a Londres, el Gallo sentirá una falsa traición.

7

Vercelli, Milán dará inteligencia,
en Ticino se cometerá el mal,
agua y sangre fluyen por el Sena, el fuego pasea por
Florencia,
únicamente va de arriba abajo, presionando.

8

Cerca de Literna, en toneles cerrados,
Chivas traicionará por el águila,
el elegido será atrapado, él y sus seguidores serán prisioneros,
dentro de Turín, la esposa será secuestrada.

9

Mientras el gallo y el águila estén en Savona,
y mantengan la unión, mar, este y Hungría,
la armada, en Nápoles y Palermo, fondeará,
Roma y Venecia vociferan por una barba horrible.

10

Desde Lausana llegará una gran pestilencia,
nadie sabrá su origen,
echarán a todos los inmigrantes,
y aparecerá fuego en el cielo, los extranjeros serán
expulsados.

1932, Conferencia de Lausana.

11

Un pueblo infinito surgirá de Vicenza,
sin fuerza, el fuego incendiará la basílica,
cerca de Lunage, será vencido el grande de Valence,
cuando Venecia tome las lanzas para vengar la muerte.

12

Aparecerá cerca de Buffalore,
el alto prócer ingresará en Milán,
el abate de Foix, con los de San Morre,
harán canalladas disfrazados de villanos.

13

Enloquecido de amor, el hermano cruzado,
conseguirá que Preto asesine a Bellephon,
la flota de mil años, la mujer furiosa,
beberán la pócima, luego morirán los dos.

14

El gran crédito del oro y la plata, y la abundancia,
cegará la honra a través de la libido,
el ultraje del adulterio será conocido,
y desde la riqueza conducirán al mundo al deshonor.

*La búsqueda incesante del dinero pone en estado termi-
nal a los principios éticos.* - PetroLEO -

15

Multitudes de hombres se dirigirán hacia el norte con
                                   muchos esfuerzos,
para perturbar a Europa y a todo el universo,
las dos iglesias se enfrentarán,   CAtoLICA - Protestante -
y a los panonios la vida y la muerte se les reforzará.

16

En el lugar en que Hierón hizo fabricar su barco,
sucederá un diluvio tan grande y súbito,
que no existirá lugar para protegerse,
las olas alcanzarán el Fesulano Olímpico.

17

Los ricos súbitamente serán pobres,
el mundo cambiará por tres hermanos,
la ciudad marina será tomada por sus enemigos,
hambre, fuego, sangre, peste, duplicarán el dolor por los
males.

Las grandes diferencias económicas desembocan en luchas. Cambian las posiciones sociales, y los que más tienen pierden todo. Argentina - EE.UU. Rusia - Brasil -

18

Salir de Flora será la causa de su muerte,
un tiempo antes, por una confusión,
por las tres flores de lis hará un alto
y por su fruto silvestre, como carne cruda y madura.

19

Para sostener la gran capa oscurecida,
para aclararla, los rojos marcharán,
una familia será esclavizada hasta la muerte,
los rojos más rojos derribarán al rojo.

Stalin y sus purgas.

20

El falso mensaje por una elección fraudulenta,
no podía escucharse en la ciudad destruida,
las voces serán aceptadas, la capilla de sangre se teñirá,
y el Imperio se someterá a otro. Islam contra Europa -

21

En el puerto de Agde ingresarán tres naves,
trayendo infecciones y pestes, pero no fe,
cuando crucen el puente, temblarán mil millares,
y a la tercera resistencia se quebrará el puente.

22

Gorsan, Narbona, por la sal advertirá,
Tuchan, traicionará a la agraciada Perpiñán,
la ciudad roja no lo querrá consentir,
la vida se frustrará por el gran robo del paño gris.

23

Cartas encontradas en los cofres de la reina,
sin firmas, sin nombre del autor,
los regalos serán escondidos por la policía
y nadie sabrá quién era el amante.

24

El lugarteniente estará en la entrada,
y atacará al grande de Perpiñán,
intentando salvarse en Montpertuis,
y el bastardo de Losignan será confundido.

25

El corazón del amante, partido en dos por un amor
                                                encendido,
se llevará a la dama del arroyo,
la mitad del mal parecerá cansancio,
el padre les arrancará el alma a los dos.

26

De Catón encontrado en Barcelona,
será colocado en un lugar pedregoso y lejano,
el grande que tiene, y el que no tiene, querrán Pamplona,
por la abadía de la morena Monserrat.

27

El sendero por el que uno auxiliará al otro,
el atrevido y valiente será expulsado fuera del desierto,
lo que el emperador de Fénix ha escrito
y el viudo para el que nada es para nadie.

Napoleón en la isla de Elba.

28

Los ídolos disfrazados con oro y plata
que después del rapto fueron arrojados al fuego,
 y descubiertos aturdidos y apagados,
serán escritos en el mármol, y los preceptos serán colocados.

29

En la cuarta columna donde sacrificaron a Saturno,
sacudidos por un terremoto y un diluvio,
ha sido encontrada una urna debajo del edificio saturnino,
de oro Capión, robada y luego regresada.

30

Dentro de Toulouse, cerca de Beluzer,
se abrirá un pozo lejano, palacio del espectáculo,
un tesoro encontrado violará a todos con su ira,
en dos lugares cercanos al templo.

31

El primer gran fruto será el príncipe de Persquiere,
pero después será muy feroz y malo,
perderá su gloria en Venecia,
y será herido por el alegre Selín.

32

¡Cuídate Rey Francés de tu sobrino!
logrará que tu hijo único
sea asesinado
de noche en compañía de treinta y seis.

33

El grande nacerá de Verona y de Vicenza,
y será nombrado con un apodo muy poco digno,
el que en Venecia quiere vengarse,
será apresado por un espía.

34

Luego del triunfo del león en Lyon,
sucederá una hecatombe en el monte de Ivra,
que dañará a siete millones de suizos y piamonteses,
el león morirá en Mausol y será enterrado en Ulme.

35

En la entrada del Garona y del Bayse,
y el bosque cercano a Damazán,
campos helados, luego granizo y brisa gélida,
escarcha en la Dordonia por un error de Mezán.

Una calamidad climática derivada de un accidente industrial y de la negligencia de los hombres que provocan daños ecológicos.

36

El conde proclamará al duque,
de Saulne y Santalbino y Bellievre,
para enlosar las torres con mármol molido,
no podrán resistir tal obra maestra.

37

La fortaleza cerca del Támesis
se derrumbará cuando el rey esté allí prisionero,
se le verá en camisa cerca del puente,
el de adelante morirá después, atrincherado en el fuerte.

El Rey Carlos prisionero en Windsor.

38

El Rey de Blois reinará en Aviñón,
otra vez el pueblo murmura,
en el Ródano, en el mar serán bañados
hasta cinco, el último cerca de Nolle.

1791, anexión de Aviñón.

39

El que haya sido príncipe de Bizancio
será echado por el príncipe de Toulouse,
la fe de Foix por el jefe Tolentino,
fallará, sin rechazar a la esposa.

40

La sangre del justo se derramará por Tauro y la Dorada,
y se vengará de los saturninos,
en el nuevo lago hundirán a los más jóvenes,
y luego marcharán contra los albaneses.

41

Un zorro será escogido sin decir nada,
haciendo pública penitencia, viviendo de pan de cebada,
tiranizará con ferocidad como un gallo,
poniendo el pie en la garganta de los más grandes.

42

Por avaricia, por fuerza y violencia,
el jefe de Orleáns vendrá a vejar a los suyos,
en San Memir habrá un asalto y resistencia,
en la tienda donde duerma será asesinado.

43

Por la decisión de dos cosas bastardas,
el sobrino de sangre ocupará el reino,
dentro del ministerio habrá golpes de dardos,
el sobrino arriará las banderas con lágrimas.

1870, es vencido por Prusia el sobrino de Napoleón Bonaparte, Napoleón III.

44

El hijo natural de Ogmión
de siete a nueve saldrá del sendero,
Rey de la mayoría, pero amigo de la mitad de un hombre,
debe hacer arrodillar a la fortaleza de Pau ante Navarra.

45

La mano envuelta en un pañuelo y la pierna vendada,
luego lo llevará lejos, cerca de Calais,
al conocer la consigna se retrasará la muerte,
en Pascua sangrará en el templo.

46

Pol mensoleo morirá a tres leguas del Ródano,
escapando de las dos próximas tarascas destruidas,
porque Marte construirá el más horroroso trono,
haciendo que el gallo y el águila se hermanen con Grancia.

47

El lago Trasimeno dará testimonio,
algunos conjurados estarán en Perusa,
uno de ellos fingirá un juicio,
y asesinarán al alemán por el esternón y la cara.

48

Saturno en Cáncer, Júpiter con Marte,
en febrero Caldondon salva la tierra,
Castulón será asaltado y atacado por tres frentes,
cerca de Verbiesque habrá una pelea y una gran guerra.

Claves astrológicas anunciando hechos bélicos.

49

Saturno en el buey, Júpiter sobre el agua, Marte en las
flechas,
el seis de febrero traerá la muerte,
los de Cerdeña abrirán una brecha tan grande en Brujas
que el jefe de los bárbaros será asesinado en Ponteroso.

50

La pestilencia alrededor de Capadil
prepara cerca de Sagón una nueva ola de hambre,
el caballero bastardo de un buen anciano,
al grande de Túnez lo hará decapitar.

Don Juan de Austria, hijo bastardo de Carlos I.

51

El de Bizancio hará un regalo
después de ganar Córdoba para sí otra vez,
en su camino hará un alto para descansar,
a través del mar con la proa hacia Golongna sitiada.

Córdoba recuperada para el Islam por un ejército asiático.

52

El rey de Blois en Avignón gobernará,
de Amboise vendrá, a lo largo del Indre,
uñas en Poitiers y alas santas en ruinas,
delante de Boni... (verso inconcluso)

El último verso no pudo ser recuperado en su totalidad.

53

Desde Bolonia vendrá para lavar sus errores,
él no podrá lograrlo en el templo del sol,
con arduas hazañas se engrandecerá,
en jerarquía no ha existido nadie parecido.

Richelieu.

54

Bajo la apariencia de un contrato matrimonial,
el gran Churen Selín será magnánimo,
Quintín y Arras, recuperados en el viaje.
los españoles serán masacrados por segunda vez.

55

Entre dos ríos se verá encerrado,
toneles y cascos unidos llegarán más lejos,
ocho puentes rotos y el jefe preso,
niños perfectos degollados.

56

El bando de los débiles ocupará la tierra,
los de las alturas pronunciarán gritos de horror,
el gran rebaño de los seres del rincón fastidiará al poder,
en una tumba cerca de Edimburgo serán encontrados
los escritos.

La referencia geográfica de Edimburgo, en el cuarto verso, asocia esta cuarteta a la Revolución Inglesa. Pero en los tres primeros, puede hallarse una interpretación más amplia, relacionada con los cambios en la sociedad y las grandes diferencias económicas. La profecía del triunfo de los más débiles y la derrota de los más poderosos es clara.

57

De simple soldado llegará al Imperio,
de la vestimenta corta llegará a la larga,
valeroso con las armas, y el peor con la Iglesia,
vejará a los curas como el agua lo hace con la esponja.

Napoleón Bonaparte.

58

Un reino en la pelea será dividido entre hermanos,
para tomar las armas y el nombre Británico,
se divisará más tarde el título inglés,
sorprendido en la noche, se lo trasladará a las Galias.

Jacobo II de Inglaterra, hermano de Carlos II.

59

Por dos veces arriba, por dos veces abajo,
Oriente y Occidente serán derrotados,
su adversario, luego de infinidad de combates,
por el mar será echado, y de necesidad morirá.

60

El primero de la Galia, el primero en Romania,
por mar y por tierra a los ingleses y París,
maravillosos actos estarán a cargo de la gran compañía,
violando tierras perderá el Norlais.

61

Jamás por el descubrimiento del día,
llegará el signo del cetro,
que todas sus sedes no se conviertan en estancias,
portando al gallo con el don del Tag armado.

62

Cuando se vea expoliar el santo templo,
el más grande del Ródano y lo sagrado profanado,
por ellos nacerá tan enorme pestilencia,
que el rey que ha huido, injustamente, no los condenará.

63

Cuando el adúltero herido en su honor,
asesine a su mujer o a su hijo por despecho,
la mujer golpeada estrangulará al niño,
ocho cautivos prisioneros serán degollados sin respiro.

64

Hacia las islas serán llevados los niños,
dos de siete perderán los estribos,
serán recibidos por los del terreno,
el nombre, la piel, los hará prisioneros de la desesperanza.

65

Al viejo se le ha frustrado su única esperanza,
llegará a ser el Jefe de su Imperio,
veinte meses reinará con el máximo poder,
tirano y cruel, lo sucederá otro peor.

El mariscal Pétain.

66

Cuando sea encontrada la escritura D. M.,
y una antigua cueva sea descubierta con una lámpara,
la ley, el rey y el príncipe Ulpián serán juzgados,
la bandera del Reino y el duque estarán bajo cubierta.

1922, descubren la tumba de Tutankamón. Formación del primer gobierno de Mussolini.

67

Par, Car, Nersaf, ruinas y discordias,
ni uno ni otro tendrán elección,
Nersaf del pueblo obtendrá amor y concordia,
Ferrara y Colonia conseguirán gran protección.

68

Un viejo cardenal será engañado por un joven,
alejado del cargo se verá desarmado,
Arlés no dará muestras, y será percibido el doble,
el príncipe será embalsamado.

Richeleu enfrentado al marqués de Cinq–Mars.

69

Cerca del joven descenderá el ángel viejo,
y, por fin, llegará para coronarlo,
diez años iguales para humillar al más viejo,
de tres, elegirán dos, será uno, el octavo serafín.

70

Llegará un villano infame,
para tiranizar la Mesopotamia,
y todos los amigos que ha hecho la dama adúltera,
tierra horrible, fisonomía negra.

71

El número de los astrónomos crecerá.
serán enviados al exilio, y sus libros serán prohibidos,
en el año 1607, según las esferas sagradas,
nadie en lo sagrado estará seguro.

*En el siglo XVI y en el XVII, hubo una persecución a
los astrónomos, y a los científicos en general.*

72

Campo perusino, ¡enorme derrota!,
y el conflicto cerca de Ravena,
pasaje sagrado cuando suceda la fiesta,
el vencedor será vencido, y el caballo podrá comer su avena.

73

Un soldado bárbaro será golpeado por el gran Rey,
injustamente cercano a la muerte,
la madre avara será la causa,
el que conjura y el reino tendrán un gran remordimiento.

74

En una nueva tierra, antes de que el rey ingrese,
mientras los seguidores lo protejan,
su perfidia tendrá tal reencuentro
que será para los ciudadanos un lugar de fiesta y
recogimiento.

En América será atacado un gobernante odiado por su pueblo.

PARAGUAY =
(LI NO OVIEDO)

75

El padre y el hijo serán asesinados a la vez,
el perseguidor dentro de su bandera,
la madre en Tours estará embarazada,
oculta verdura de hojas de mariposas.

- *marivna opr e- (NARCo) . (progps)*

76

Más Macelín que rey en Inglaterra,
nacido en un lugar oscuro, por la fuerza obtendrá el Imperio,
cobarde, sin fe, sin ley, la tierra sangrará,
su tiempo se aproxima tanto que yo suspiro.

Oliver Cromwell.

77

Tres serán aniquilados pronto por el anticristo,
veintisiete años de sangre durará la guerra,
asesinarán a los herejes, y habrá prisioneros y exiliados,
¡sangre!, cuerpos humanos, agua roja, tierra salpicada.

*Asocian esta cuarteta a los veintisiete años que transcurren
entre 1918, armisticio del final de la Primera Guerra, y 1945,
caída del III Reich. Pero hay muchos casos de países latinoa-* GUATEMA:
COLOMBIA . *mericanos, africanos o de Europa del Este que, luego de san-
grientas dictaduras, en lapsos de veintisiete años, han enviado
a los que piensan distinto, al exilio, a la cárcel o a la muerte.*

78

Un bravucón con la lengua torcida,
llegará al santuario de los dioses,
a los herejes les abrirá la puerta,
creando una iglesia militarizada.

*Vendrá un Papa autoritario que cambiará el rumbo de
la Iglesia.*

79

El que por hierro destruirá a su padre, nacido de
                                    nonagenario,
sobre la de Gordón habrá sangre derramada,
en tierra extraña convertirá todo en silencio,
y a sí mismo se incendiará, él y su hijo.

80

La sangre de los inocentes de viuda y virgen,
tanto mal ha producido el gran rojo, RUSIA. en consecuensia.
el simulacro santo se templa en el cirio ardiente,
de terrible miedo nadie se atreverá a moverse.

81

El nuevo imperio desolado
será transformado en el polo aquilonario,
de Sicilia vendrá la expulsión,
a perturbar la empresa de Felipe, tributario.

82

Larga mordedura, seco, haciendo de buen criado,
en el final serán despedidos,
veneno de la muerte, cartas en el cuello,
será tomado prisionero cuando huya del riesgo.

83

La vela más grande fuera del puerto de Zara,
cerca de Bizancio hará su empresa,
el enemigo la perderá y el amigo no la ganará,
el tercero robará y a ambos los pondrán presos.

84

Los gritos de Palermo se oirán en Sicilia,
todos los aprestos del abismo de Trieste,
llegarán con sus ecos hasta la Trinacria,
escapa de tantas velas, la terrible peste huye.

85

Entre Bayona y San Juan de Luz,
se colocará el promontorio de Marte,
a los Hanix del norte Nanar les sacará luz,
después será ahogado en la cama sin auditorio.

86

Por Hernani, Toulouse y Villafranca,
una banda infinita de gente por el monte Adrián,
cruza el río, Hutín por el puente está el escondrijo,
Bayona entre todos proclamando: ¡Victoria!

87

Una muerte conspirada llegará con efecto pleno,
será otorgada la obligación, y el viaje de la muerte,
elegida y creada por los suyos,
sangre inocente ante la fe por remordimiento.

88

A Cerdeña llegará un rey noble,
que sólo reinará tres años,
reunirá con él a varios bandos,
y él mismo perderá el sueño.

89

Para no caer en manos de su tío,
asesinó a sus hijos para gobernar,
le rogó al pueblo, y puso el pie sobre Pelúnculo,
y fue muerto y arrastrado entre caballos armados.

90

Cuando uno de los cruzados se encuentre con la razón
                                                  alterada,
en un lugar sagrado se hallará un buey cornudo,
por una mala virgen su sitio será colmado,
no se cumplirán las órdenes del Rey.

91

Se agitan los campos del Ródano,
donde los cruzados se unirán,
se encontrarán los dos batallones
y muchos serán castigados por el diluvio.

92

Lejos del reino en un peligroso viaje,
una gran tropa tomará el gobierno,
el rey tendrá a los suyos como rehenes,
y en su regreso robará en todo el país.

*Golpes de Estado, militares corruptos ocupando puestos
políticos.*

93

Sólo siete meses durará su papado,
su muerte causará la disolución de la iglesia,
durante siete meses otro ocupará el trono del prelado,
y cerca de Venecia renacerán la paz y la unión.

Un futuro Papa.

94

Ante el lago donde el amado fue echado,
hace siete meses, y su huésped ha sido derrotado,
los españoles serán vencidos por los albaneses,
por una traición en la batalla.

Sigue la línea profética de la cuarteta anterior.

95

El seductor será enviado a la fosa,
y atado por mucho tiempo,
la Iglesia volverá a estar unida, y el jefe con su báculo
episcopal,
ayudará a los hombres, para que sean felices, atacando
a la derecha.

*Última profecía de la serie que habla sobre el futuro de
la Iglesia.*

96

La sinagoga estéril no tendrá frutos,
será recibida entre los infieles,
de Babilonia, la hija del perseguido,
triste y pobre le cortará las alas.

97

En el final del Var se transformará Pempotam,
cerca de la rivera, nacerán tres niños hermosos,
será la ruina del pueblo de edad competente,
para cambiar el gobierno del país y luego verlo mejorado.

98

La sangre de la gente de la Iglesia será derramada,
como el agua lo es en su gran abundancia,
y durante largo tiempo no será consumida,
¡pobre clérigo!, ruina y matanza.

99

Por el poder de tres reyes temporarios,
la Santa Sede se mudará a otro sitio,
donde la substancia del espíritu del cuerpo,
será dada y recibida por el verdadero juez.

100

Por la abundancia de las armas vendidas,
de arriba hacia abajo, de abajo hacia arriba,
por el exceso de fe, una vida se pierde en el juego,
para morir de sed por numerosos defectos.

*La técnica y la ciencia aplicada para la expansión arma-
mentista, y la búsqueda de poder y riquezas, hacen al mundo más injusto.*

CENTURIA
IX

Dentro de la casa del traductor
Se hallarán las cartas sobre la mesa,
Paz, unión y cambios,
El de abajo se elevará, el de arriba bajará,
El artesano buscará arcilla nueva,
Él y los suyos serán satisfechos con el oro,
El mentiroso alcanzará el alto reino,
Al borde de la muerte llegarán los confabulados,
Todos menos uno,
Ese arruinará el mundo,

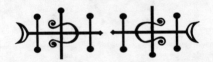

1

Dentro de la casa del traductor
se hallarán las cartas sobre la mesa,
el tuerto, enrojecido, pálido, canoso, resistirá el curso,
cambiarán al nuevo condestable.

2

Desde lo alto del monte Aventino se oyó una voz,
vaciados de ambos lados,
con la sangre de los rojos la ira será saciada,
de Rímini Prato, Columna, serán expulsados.

3

La vaca magna causará una gran confusión en Ravena,
conducidos por quince prisioneros en Fornase,
en Roma nacerán dos monstruos con doble cabeza,
sangre, fuego, diluvio, los más grandes al espacio.

4

Al año siguiente serán sorprendidos por un diluvio,
dos jefes serán escogidos, el primero se tentará,
y huirá de la sombra, para uno será un refugio,
el que más resista podrá robar una casa.

5

El tercer dedo del pie se parecerá al primero,
a un nuevo Monarca de abajo arriba,
Pisa y Lucca el tirano ocupará,
Para poder corregir el problema del anterior.

Napoleón III, y su campaña en Italia.

6

Por la Guyena una gran cantidad de ingleses
que ocuparán el sitio con el nombre de Angloquitania,
en Languedoc, Ispalme Burdeos,
ellos lo nombrarán más tarde Barboxitania.

Inglaterra ocupa el sudeste de Francia.

7

Al que abra el monumento encontrado,
y no lo cierre inmediatamente,
le irá mal y no podrá comprobar
si es mejor el rey bretón o el rey normando.

8

Un joven rey matará a su padre,
después de la lucha, será una muerte muy deshonesta,
un escrito encontrado hará que crezca la sospecha y el
remordimiento,
cuando un lobo expulsado descanse.

9

Cuando una lámpara ardiente de fuego eterno
sea encontrada en el templo de las vestales,
. un niño se convertirá en fuego, el agua pasará por la zaranda,
Nimes será cubierta por el agua, en Toulouse se
derrumbarán los palacios.

10

Un monje y una monja verán a un niño al borde de la
muerte,
asesinado por una osa, y robado por el porquero,
en Foix y Pamiers se establecerá el campamento,
contra Toulouse, Carcasona cavará trincheras.

11

Al justo le llegará la muerte de manera injusta,
públicamente será ejecutado,
en ese sitio aparecerá la gran peste,
y los jueces deberán huir.

1649, ejecución de Carlos I de Inglaterra.
1665, 1666, llega la gran peste.

12

El tesoro de plata de Diana y Mercurio,
y los simulacros en el lago serán encontrados,
el artesano buscará arcilla nueva,
él y los suyos serán satisfechos con el oro.

Los honrados se harán ricos.

13

A los exiliados alrededor de la Solonia,
los harán marchar de noche hacia Lauxois,
dos de Módena, y el truculento de Bolonia,
serán descubiertos por el fuego de Burancois.

14

El caldero de los infectores será colocado en el llano,
con vino, con miel y con aceite, construirán sobre los
                                                    hornillos,
serán sumergidos sin maldecir a los delincuentes,
Sept. Fum. Apagado con el cañón de Burdeos.

15

Cerca de Parpán los rojos serán detenidos,
a los del medio los hundirán, y los llevarán lejos,
habrá tres descuartizados y cinco mal sostenidos
por el señor y prelado de Borgoña.

16

Del castillo Franco surgirá la asamblea,
el embajador indeseable causará una gran división,
los de la Riviera estarán en la lucha,
y denegarán el ingreso al gran remolino.

Aparece aquí la palabra Franco, y aunque nos veamos ten-
tados a asociarla al Generalísimo Francisco Franco, el poeta de
Notredame se refiere a un castillo de la Franconia y del bajo del
Rin. La palabra "franco" se aplica en compuesto para signifi-
car de nacionalidad francesa: Instituto Franco Español, colegio
Franco Alemán, castillo franco. En francés "franco" es también
el adjetivo que califica a un lugar sin gastos, libre de impuestos.

Con el nombre de "La Riviera" se conoce el litoral del
Golfo de Génova, entre Niza y La Spezia. Nostradamus
nos habla de ese lugar; recorramos su obra con seriedad y ve-
remos su preocupación constante por Génova. Otra vez de-
silusiono, y trato de alejarme de las tentaciones facilistas: no
lo nombra a José Antonio Primo de Rivera.

Podemos hallar referencias a la Guerra Civil Española,
en muchas de las mil profecías del vate de los tiempos; no
es en ésta justamente donde nos previene del hecho.

Cuando Nostradamus quiere decir guerra lo dice claramente;
cuando habla de un millón de muertos, también es transparente.

17

El tercero comenzará peor de lo que hizo Nerón,
fuera el valeroso que derramará sangre humana,
reedificará la obra en vano,
muerto el siglo de oro, asumirá un nuevo rey y habrá
un gran escándalo.

18

El delfín llevará el lirio hasta Nancy,
y el elector del Imperio hasta Flandes,
nueva clausura al gran Montmorency,
fuera de los lugares probados, rendido ante una clara pena.

19

En medio del bosque de Mayena,
con el Sol en Leo caerá el rayo,
el gran bastardo es hijo del grande del Maine,
en aquella jornada, ingresará en Fougeres con su lanza
ensangrentada.

20

En la noche, por el bosque de Reines,
dos partes criado Herne, la piedra blanca,
el monje negro, en gris, dentro de Varennes,
elegido jefe, provocará la tempestad, el fuego, la sangre
y el degüello.

Luis XVI es capturado en Varennes, con un manto negro de monje.

21

En el templo alto de Blois, sagrado Salone,
por la noche cruzarán el puente de Loira, el Prelado y el
Rey maligno,
sediento de victorias, en los pantanos del Saona,
en el lugar de la iglesia de blancas ataduras.

1793, matanza de sacerdotes en el Loira.

22

El Rey y su corte en el lugar de la gran morada,
dentro del templo, a unos pasos del palacio,
en el jardín, el duque de Mantua y del Alba,
Alba y Mantor: lengua como cuchillo y palacio.

23

Juega al fresco, debajo del tonel, el joven hijo,
el punto más alto del techo está en la mitad de su cabeza,
el padre Rey en el templo de Saint Salone,
sacrificará el sagrado humo de las fiestas.

24

Sobre el palacio, en el pedregal de las ventanas,
serán raptados los dos pequeños de la familia real,
pasarán a Lutecia, a los claustros de Denis,
las monjas los alimentarán con nueces verdes.

25

Atravesando los puentes para llegar cerca de los rosales,
llega tarde, pero más rápido de lo que él imagina,
llegarán también nuestros amigos españoles a Béziers,
y en esta cacería la empresa se frustrará.

1658, La Paz de Los Pirineos.

26

Niza aparece con su nombre en ásperas cartas,
la gran carpa construirá un presente ajeno,
cerca de Voltri en los muros de verdes alcaparras,
después de Plombin con el viento en popa.

27

La guardia del bosque, y el viento cerrado estarán sobre
el puente redondo,
el que fue recibido provocará heridas al Delfín,
el viejo Teccon cruzará bosques amigos
sobrepasa los límites más allá del Duque.

28

Las velas aliadas en el puesto Masiliólico,
desde Venecia marcharán hacia Panonia,
partirán desde el golfo y el Seno Lírico,
para devastar Sicilia, llegarán ligures con disparos de cañón.

29

Cuando aquel que a nadie le respetó su sitio,
quiera abandonar los lugares capturados y no capturados,
nacerán nuevos fuegos en la sangre, y tierras yermas en
Charlieu,
San Quintín y Calais nuevamente serán sitiados.

30

Al puerto de Pola y de San Nicolás,
llegará el peligro normando desde el golfo fanático,
en el Cabo de Bizancio las calles gritarán,
y pedirán ayuda de Cádiz y del gran filípico.

31

Con el terremoto en Mortara,
Cassich y San Jorge quedarán semidestruidos,
la paz dormida se despertará por el rugir de la guerra,
dentro del templo, en Pascua, hundirán los abismos.

32

En la profundidad, entre las piedras, será encontrado el
tesoro,
bajo la roca hallarán los escritos del capitolio,
huesos, cabellos arrancados, romano de terrible fuerza,
una flota se agitarán en el puerto de Metelino.

33

Hércules, Rey de Roma y Dinamarca,
tres de la Galia apodados los Guías,
harán temblar a Italia y la ola de San Marcos,
primero por el monarca renombrado por todos.

34

Llevará una mitra el marido separado,
regresando de la lucha cruzará las Tullerías,
será acusado por quinientos de traidor,
Narbona y Saulce tendrán aceite por condales.

35

Ferdinand, la rubia, estará en desacuerdo,
abandonará la flor para seguir detrás del macedonio,
por las privaciones que sufrirá en la ruta sentirá desfallecer,
y entonces marchará contra el Mirmidón.

*Carlos Fernando de Borbón ("Ferdinand") deja el tro-
no para seguir al mariscal De Condé.*

36

Un gran rey será prisionero de un joven,
cerca de pascua habrá confusión y puñaladas,
los eternos prisioneros del tiempo recibirán un rayo de
la luna,
cuando tres hermanos se lastimen y se maten.

37

El puente y los molinos destruidos en diciembre,
por el Garona, que crecerá hasta tan alto sitio,
los muros y un edificio serán demolidos en Toulouse,
y ya nadie encontrará su lugar, ni su madre.

38

Ingresará Blaye por Rochela y el inglés
cruzará más allá el gran Emaciano,
cerca de Agen aguardará el galés,
llegará el socorro de Narbona, desilusionada por la
conversación.

39

En Arbissel, a Veront y Carcari,
en la noche, los llevan para sitiar Savona,
el avispado Gascón Turby y la Scerry,
para afectar detrás del antiguo muro y el nuevo palacio.

40

Cerca de Quintín, en el bosque tupido,
los flamencos se atrincheran en la abadía,
los dos hermanos menores desconcertados por los golpes,
rápidamente serán oprimidos y los guardias comprados.

1557, batalla de San Quintín.

41

El gran Chiren tomará Aviñón,
cartas de Roma llegarán envueltas en miel pero plenas
de amargura,
una de esas cartas partirá hacia la embajada de Chanignon,
Carpentras será bloqueado por un duque negro de pluma roja.

42

De Barcelona, de Génova, de Venecia,
de Sicilia hasta Mónaco, todas unidas,
apuntarán contra la armada bárbara,
y el Bárbaro será expulsado lejos hasta Túnez.

43

A punto de descender la armada de la cruz,
será atacado por los ismaelitas,
por todas partes heridos, por el ataque de la flota fluvial,
y pronto asaltados por diez galeras.

44

¡Abandonen todos Ginebra!
Saturno de oro se convertirá en hierro,
Raypoz exterminará a todos,
el cielo advertirá con signos antes de los hechos.

45

No se cansará jamás de pedir,
el Gran Mentiroso conseguirá su Imperio,
exigirá lejos de la corte,
Piamonte, Picardía, París, Tirón será el peor.

46

¡Abandonen los rojos Toulouse!
del sacrificio hagan la expiación,
el jefe del mal bajo la sombra de los idiotas,
asesinado, estrangulado, carne, presagio.

47

Los objetos de una libertad indigna,
recibirán mensajes contradictorios de la muchedumbre,
el rey puesto en serio peligro será cambiado,
encarcelados en jaulas se verán cara a cara.

48

La gran ciudad del océano
será rodeada por almenas de cristal,
en el solsticio de invierno y primavera,
será atacado por un viento espantoso.

Una ciudad portuaria es amenazada por un huracán.

49

Gante y Bruselas marcharán contra Amberes,
el senado de Londres mandará a matar a su rey,
se le negarán sal y vino,
por haber convertido al reino en una ruina.

*1649, Carlos I de Inglaterra es ejecutado. El número de
la cuarteta coincide con el del año.*

50

El mentiroso alcanzará el alto reino,
dejará atrás a los de Norlaris,
el rojo débil, el varón en el interregno,
el joven tiene miedo, hay espanto en Bavaria.

51

Contra los rojos se unificarán las sectas,
el fuego, el agua, el hierro y la soga, acabarán con la paz,
al borde de la muerte llegarán los que se hayan confabulado,
todos menos uno, ese arruinará el mundo.

52

Se aproxima la paz por un lado, la guerra llega por el otro,
nunca existió una persecución tan terrible,
gritos de hombres y mujeres, sangre de inocentes bañando
la tierra,
esto ocurrirá por toda Francia.

53

El joven Nerón de las tres chimeneas,
hará grandes esfuerzos para escapar del fuego,
feliz el que esté lejos de estas historias,
tres de los de su sangre le harán probar el gusto de la
muerte.

54

Llegará al puerto de Corsibona,
cerca de Ravena, el que le robará a la señora,
estarán en las profundidades del mar legado por Lisboa,
ocultos debajo de una piedra para raptar a setenta almas.

55

Una horrible guerra en el Occidente se apresta,
al año siguiente vendrá la peste,
y será tan fuerte y horrible, que jóvenes, viejos y bestias
a sangre y fuego serán condenadas, Mercurio, Marte y
Júpiter estarán en Francia.

56

Un campo cercano a Noudam pasará a la ciudad de Goussan,
y en Malotes abandonará su bandera,
al instante convertirá a más de mil,
buscando poner presos a los dos con grilletes y cadenas.

57

Descansará en Drux el rey,
y buscará una ley cambiando de anatema,
mientras el cielo con tal fuerza sonará,
que una puerta nueva asesinará al rey.

58

Por el sendero izquierdo en el lugar de Vitry,
los tres rojos de Francia serán vigilados,
y todos los rojos serán asesinados, pero el negro vivirá,
los bretones lo salvarán.

59

En la Ferté la Vidame sitiará
Nicol enrojeciéndolo porque ha producido vida,
el gran Luis nacerá y será famoso,
y entregará Borgoña a los bretones por aburrimiento.

60

Conflicto Bárbaro en la Corneta negra,
sangre derramada, Dalmacia temblará de terror,
el Gran Ismael elevará su promontorio,
se estremecerán las ranas, y llegará socorro desde Lusitania.

61

Robo en la costa del mar,
provocado por un pueblo nuevo y sus predecesores,
muchos de Malta por el hecho de Mesina,
prisioneros, encerrados pero mal custodiados.

1565, Malta invadida por Turquía.

62

En la gran plaza de Cheramón,
estarán los cruzados atados en hileras,
el portero, opio y mandrágora,
el tres de octubre liberarán a Raugon.

63

Lamentos y llantos, gritos y gemidos,
cerca de Narbona, en Bayona y en Foiz,
¡Qué horribles cambios!
Antes de que Marte dé vueltas.

64

El viejo atravesará los Pirineos,
en marzo, no se resistirá Narbona,
por tierra y por mar avanzará muy lejos,
pero el jefe quedará sin lugar seguro para vivir.

65

Detrás de la esquina de la Luna vendrá a descansar,
allí será tomado prisionero y llevado a tierras extrañas,
los frutos inmaduros se amotinarán con un gran escándalo,
y sufrirán una gran desaprobación, alguien recibirá

grandes elogios.

66

Paz, unión y cambios,
países, ministerios, el de abajo se elevará, el de arriba bajará.
prepararán un viaje, y llegará el fruto luego del primer

tormento,
cesarán las guerras, y gobernarán los civiles, habrá

grandes debates.

Los más pobres conseguirán elevarse y los demasiado ricos perderán poder.

Luego de grandes sufrimientos, la humanidad comienza a entender el valor de la justicia social y su capacidad de cambio a través del debate civilizado.

67

Desde lo alto de las montañas, en los alrededores de Lizere,
cien se reunirán en la roca de Valencia,
Chasteauneuf, Pierrelate y Donzere,
contra el Crest, los romanos están agrupados en la asmblea.

68

Desde el monte Aynar será noble oscuridad
Brotará el mal en la confluencia del Saona y el Ródano,
los soldados se ocultan en los bosques el día de Santa
Lucía,
nunca ha habido tan horroroso trono.

69

Sobre el monte de Baylly y la Bresle,
estarán ocultos los fieros de Grenoble,
más allá de Lyon, Viena recibirá un copioso granizo,
sólo un tercio sobrevivirá.

70

Armas blancas escondidas en las antorchas,
en Lyon el día del Sacramento,
serán descuartizados los de Viena,
por los cantones latinos, no miente Mascon.

71

Muchos animales se encontraron en lugares sagrados,
con el que no osará actuar de día,
en Carcasona por una desgracia con suerte,
será dejado por una más larga temporada.

72

Serán profanados los santos templos
y expoliados por el Senado Tolosino,
Saturno cumplirá dos o tres ciclos,
en abril y mayo aparecerá la gente nueva.

73

En Foix llegará un monarca con turbante azul,
y reinará antes de que Saturno dé la vuelta,
un rey con turbante blanco hará estremecer a Bizancio,
Sol, Marte, Mercurio junto a la urna.

74

En la ciudad de Fertsod se cometerá un crimen,
antes de la matanza de los bueyes,
habrá un regreso a las honras de Artemisa,
y Vulcano sepultará los cadáveres.

75

De Ambracia y del país de Tracia,
un pueblo por mar recibirá al mal, y tendrá socorro Galo,
perpetuo en Provenza el rastro,
con vestigios de sus costumbres y sus leyes.

76

Con el negro Rapaz y sanguinario,
bajando del lecho del inhumano Nerón,
entre dos ríos, por la mano izquierda militar,
será muerto por el joven quemado.

77

Una vez bloqueado el reino, el rey convidará,
la dama, prisionera de la muerte, tiene su suerte echada,
denegarán la vida al hijo de la reina,
y al poderoso se le quitará su confortable chaqueta.

78

La dama griega de elegante belleza,
feliz de virtudes innumerables,
será llevada fuera del reino español,
y morirá prisionera de miserable muerte.

79

El jefe de la flota, por trampas y estrategias,
hará salir al tímido de sus galeras,
aparecerán entonces muertos, y el jefe renunciará al
                                        bautismo,
y luego pagarán por la traición con la misma moneda.

80

El duque querrá exterminar a los suyos,
enviará a los más poderosos a raros lugares,
por la tiranía, Pisa y Lucca se empobrecerán,
después los bárbaros tendrán vendimias pero sin vino.

81

El rey emprenderá sus emboscadas con trampas,
por tres distintos frentes atacará al enemigo,
y todo será un infinito de lágrimas y pasmos,
cuando falle el traductor, llegará Lemprin.

82

Por el diluvio y la pestilencia,
en la gran ciudad bloqueada por mucho tiempo,
el centinela y el guardián serán sorprendidos,
lo tomarán prisionero, pero no lo humillarán.

83

Sol veinte en Tauro provocará fuertes temblores en la
                                                    tierra,
el gran teatro repleto se convertirá en ruinas,
el aire, el cielo y la tierra se oscurecerán y temblarán,
entonces el infiel le hablará a Dios y a los santos.

84

El Rey expuesto provocará la hecatombe,
después de haber descubierto su origen,
un torrente abrirá la tumba de mármol y plomo,
de un gran Romano de bandera Medusina.

85

Pasarán Guyenne, Languedoc y el Ródano,
de Agen a Marmanda y la Réole,
si con fe abre la pared, el focense mantendrá su trono,
habrá conflictos cerca de Saint Pol de Manseole.

86

Del burgo Lareyne llegarán directamente a Chartres,
y harán una pausa cerca del puente Anthoni,
siete cautelosos como mártires, por la paz,
ingresarán en París, que estará bloqueado por la armada.

87

Por el bosque depurado de Toufon,
en la ermita será construido el templo,
el duque de Estempes, con su gran creatividad,
dará un ejemplo al sacerdote del monte Lehori.

88

Clais y Arras socorrerán a Theroanne,
simularán paz y amistad cuando lo escuchen,
y los soldados de Saboya bajarán de Roane,
el pueblo decidido retornará por la misma ruta.

89

Felipe tendrá siete años de próspera fortuna,
rebasará la resistencia de los árabes,
después su perpleja plenitud será un tema complejo,
el joven ogmión aumentará sus fuerzas.

Felipe II de España.

90

Un capitán de la gran Alemania
llegará para rendirse por un socorro fingido,
al rey de reyes con la ayuda de Panonia,
esa revuelta hará corrrer mucha sangre.

91

La peste horrorosa en Perinto y Nicólolis,
el Queroneso mantendrá alejado a Marcelonia,
Tesalia devastará a Anfípolis,
aparecerá un mal ignoto y el rechazo de Antonio.

92

El Rey ingresará en la ciudad nueva,
para combatir a sus enemigos,
el cautivo liberado dirá mentiras y las divulgará,
lejos de sus enemigos, el Rey se defenderá mejor.

93

Los enemigos de la fortaleza, bien alejados,
serán conducidos con carros al bastión,
sobre los derrumbados muros de Bourges
cuando Hércules venza al sanguinario.

94

Las galeras débiles se unirán,
el más fuerte de los falsos enemigos se defenderá,
débiles asaltos, Bratislava tiembla,
Lubecq y Mysne tendrán su bárbara parte.

95

Los nuevos actos conducirán al ejército,
cerca apamestano hasta las orillas,
aguardando el socorro de los mejores refuerzos de Milán,
el duque sin ojos llegará a Milán en una jaula de hierro.

96

Cuando se rechace el ingreso del ejército en la ciudad,
el duque entrará persuadido,
en las puertas débiles, las tropas serán aclamadas en su
llegada,
y se entregarán al fuego, la muerte y el río de sangre.

97

Una flota marítima dividida en tres partes,
a la segunda le faltarán los víveres,
buscarán desesperados los Campos Elíseos,
y al entrar primero por la brecha marcada, conseguirán
la victoria.

98

Los afligidos por la falta de una sola apuesta,
lucharán contra la parte enfrentada,
a la fuerza mandará a los lioneses
para que se rindan al gran jefe de Molita.

99

El viento del Norte levantará el asedio,
por encima de los muros se echarán cenizas, cal y polvo,
seguirá una lluvia, que será una buena trampa,
la última ayuda hacia la frontera.

100

En una batalla naval la noche será superada,
el fuego de las naves será la ruina de Occidente,
los nuevos rojos, el gran barco de colores,
ira para el derrotado y triunfo en sombras.

CENTURIA
X

En el jardín del mundo, junto a la ciudad nueva,
El rey y los clérigos recibirán a un falso anticristo,
Lloverán piedras más gruesas que un huevo,
El mundo causará cansancio,
Los sepultados escaparán de las tumbas,
Cien veces morirá el inhumano,
Será reemplazado por un sabio bueno,
Pasarán cincuenta y siete años de paz,
Gozarán los humanos,
Salud, abundancia, felicidad.

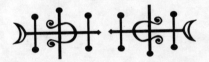

1

La promesa hecha al enemigo
no podrá cumplirse, los prisioneros serán enjaulados
y llevados a la muerte, el resto los observará en camisa
y se condenará para que alguien sobreviva.

2

La galera y el barco esconderán sus velas
la gran flota vendrá para que parta la menor,
diez naves cercanas la volverán a empujar,
serán vencidos cuando se unan.

3

Y después excluirá a cinco tropeles,
un fugitivo por Penelón huirá,
un falso rumor hará llegar el socorro,
el jefe abandonará el bloqueo.

4

En la medianoche el conductor de la armada
se salvará, súbitamente desmayado,
siete años más tarde obtendrá una fama no discutida,
en su retorno nunca dirá que sí.

Douglas MacArthur.

5

Albi y Castres formarán una nueva liga,
nuevos Arios, Lisboa y Portugueses,
Carcasona y Toulouse usarán sus trampas,
cuando el jefe nuevo se muestre en Lauragues.

6

El Gardon, en Nines, desbordará tanto
que desearán que Deucalión renazca,
la mayoría se esconderá en el coloso,
aparecerán una tumba y un fuego extinguido.

7

El gran conflicto que se apresta en Nancy,
el sanguinario dirá: "Todo lo domino",
y sitiará la Isla Británica por vino y sal en abundancia,
Hem. Mi. Dos. Phi. Durante mucho tiempo no tendrá Metz.

8

El índice y el pulgar reconocerán la frente
del hijo del conde de Senegalia,
en la Myrnamea, varios llevan el sigon en su frente,
en siete días, habrá tres heridos de muerte.

9

De Castelló a Figueres en un día de niebla,
de una mujer infame nacerá un príncipe soberano,
sobrenombre de calzado, tendrá el hijo póstumo,
en esa provincia nunca existió un rey peor.

10

Obras mortales. Enormes adulterios.
Gran enemigo de todo el género humano,
será peor que sus abuelos, tíos y padres,
en hierro, fuego, agua, sanguinario e inhumano.

11

Sobre La Jonquera, por un peligroso pasaje,
hará cruzar el póstumo a su ejército,
y su equipaje para atravesar los montes Pirineos,
de Perpiñán a Tende correrá un duque.

*Estas tres cuartetas, 9, 10 y 11, cuentan la historia de
un tirano nacido al norte de la provincia de Girona.*

12

Elegido Papa, del elector será burlado,
súbitamente emocionado, inteligente y tímido,
por ser demasiado bueno y dulce lo harán morir,
guía la noche de su muerte su miedo reprimido.

Juan Pablo I. Su elección y su misteriosa muerte.

13

Sobre los pastizales de los animales rumiantes,
conducidos hacia el vientre herbipólico,
escondidos los soldados harán ruido con las armas,
y atacarán la ciudad cercana de Antibes.

14

Urnel Vaucile sin escuchar sus propios consejos,
tímido y osado a la vez, preso del miedo, derrotado,
acompañado por una masa de prostitutas pálidas,
en Barcelona será convencido por los cartujos.

15

A un padre sediento, duque anciano,
su hijo le negará el vaso el último día,
será sumergido, vivo o muerto, dentro del pozo,
el Senado condenará al hijo a una muerte larga y leve.

16

Son felices en el reino de Francia, son felices con su vida,
porque ignoran la sangre, la muerte, la furia y el saqueo,
por los que no adulan serán envidiados,
el Rey escondido, habrá demasiado hígado en la cocina.

Luis XVIII de Francia.

17

La reina prisionera viendo a su hija tan pálida,
por una pena que le muerde el estómago,
grita sus lamentos de socorro a Angulema,
y habrá un matrimonio inadmisible.

*La hija de María Antonieta, María Teresa Carlota, se
casó con su primo, el duque de Angulema.*

18

El rango de Lorena dejará lugar al de Vendome,
lo de arriba bajará y lo de abajo se elevará,
el hijo de Hamon será elegido en Roma,
y los dos grandes serán abandonados en sus errores.

Luchas sociales y papales en Francia.

19

Durante la jornada en que sea coronada reina,
el día después de la salvación, llegará la plegaria,
la cuenta hecha razón y balbuceada,
cuando era humilde, nunca sintió tanta soberbia.

20

Todos los amigos que tomaron parte,
serán asesinados y robados por el violento,
los bienes olvidados irán si dudas a un gran vacío,
nunca un pueblo romano fue tan ultrajado.

21

Por el despecho del monarca sosteniendo lo tenue,
será perjudicado, presentarán los anillos,
el padre y el hijo manifestando nobleza,
como en Persia hace muchos años hicieron los magos.

1979, cae el Sha de Irán.

22

Por no querer divorciarse
luego de reconocerse indigno,
el rey de las islas será expulsado,
y será coronado el que de rey no tendrá nada.

23

Hechas las reprensiones al ingrato pueblo,
la flota se apoderará de Antibes,
en el arco monegasco harán las exigencias,
y en Frejus, uno y otro capturarán la rivera.

24

El príncipe prisionero capturado en las Italias,
atravesará Génova por el mar hasta Marsella,
por gran esfuerzo de los extranjeros será vencido,
un tonel de licor de abeja lo salvará de un disparo.

25

Por el Ebro se abrirá el pasaje de Brisanne,
cuando estén lejos, el Tajo dejará sus muestras,
en Pelligouxe será cometida la violación
de la gran dama sentada en la orquesta.

26

El sucesor vengará a su cuñado,
y ocupará el reino con la excusa de la venganza,
con los inconvenientes superados, su sangre muerta será
                                                    vituperada,
durante mucho tiempo Bretaña será aliado de Francia.

27

Por el quinto y por un gran Hércules,
se abrirá el templo con mano guerrera,
recularán Clemente, Julio y Ascans,
la espada, la llave y el águila, no mantendrán tan enorme
                                                    conflicto.

28

El segundo y el tercero que hacen sonar la primera música,
serán sublimados por la honra del rey,
por magra y pobre, y sin ética
un informe falso de Venus se deprimirá.

29

Desde la Catedral de San Pablo hacia la caverna de las
                                                    cabras,
escondido y prisionero, extraído del lugar por la barba,
cautivo, llevado como un mastín bestial,
por Begurdanos hacia las cercanías de Tarbes.

30

Sobrino y sangre del santo que retornará,
con su seudónimo sostienen arcos y techo,
serán perseguidos desnudos y condenados a muerte,
en rojo y negro convertirán su verde.

31

El santo imperio vendrá desde Alemania,
los ismaelitas encontrarán sitios abiertos,
los burros desearán Carmania,
los cimientos se cubrirán de tierra.

32

El gran imperio será deseado por todos,
uno sobre otro lo conseguirán,
pero su reinado y su nombre se mantendrán poco tiempo,
podrá sostenerse dos años en sus naves.

33

El bando cruel de los largos trajes
ocultará sus afilados cuchillos,
el duque bloqueará Florencia y el sitio con los dos idiomas,
y los descubrirá por inmaduros y pérfidos.

34

Un francés que por una guerra ocupará un imperio,
será traicionado por su cuñado menor.
por un caballo violento será arrastrado,
por estos acontecimientos será odiado mucho tiempo su
hermano.

35

El hijo menor del Rey, ardiendo en su libido,
para gozar con su prima hermana,
se disfraza de mujer para ingresar al templo de Artemis,
un desconocido del Maine lo matará.

36

Luego de que el Rey del sur haya conversado sobre las
guerras,
Gran Bretaña le tendrá desprecio,
muchos años robará,
por la tiranía la isla cambiará de facción.

37

Una gran asamblea junto al lago de Borget,
se reunirá cerca de Montmelian,
marchando más allá los que piensan establecerán un plan,
Chambery, Moriane, combatirán en Saict Julian.

38

El amor alegre se queda cerca de la sede,
en el santo Bárbaro serán guardadas las guarniciones,
rusos y alemanes colocarán trampas para los franceses,
por temor se rendirán muchos en los Grisones.

39

El primer hijo tendrá un matrimonio infeliz y una viuda,
sin hijos, dos islas pelearán,
antes de los dieciocho años, edad incompetente,
cerca del otro se quedará y más bajo será el acuerdo.

*1560, Francisco II de Francia murió a los dieciséis años.
Se había casado con María Estuardo a los catorce. Había
sucedido a Enrique II el 1559.*

40

El joven nacido en el reino Británico,
que el padre agonizante recomendará,
muerto Lonole dirá lugares comunes,
y a su hijo le demandarán el reino.

41

En la frontera de Caussade y Charlus,
cerca del fondo del valle,
en Villefranche se oirá una música de laúd,
Combouls será rodeado y habrá una gran concurrencia.

42

El reino humano de origen Anglicano,
conseguirá paz y unión,
durante la guerra pasará prisionero la mitad del tiempo,
la paz se mantendrá eternamente.

43

La redundancia de prosperidad, el exceso de benevolencia,
hace y deshace, exagera por negligencia,
tendrá fe, por ingenuo, en la sentencia de la esposa fiel,
y será condenado a muerte por su bondad.

Luis XVI y María Antonieta.

44

Cuando un rey marche contra los suyos,
el nativo de Blois subyugará a los ligures,
Mammel, Córdoba y los dálmatas,
la sombra del número siete se proyectará ante el rey
sobre los muros.

45

La sombra del falso Reino de Navarra,
construirá el sendero hacia el trono ilegítimo,
y verá las promesas inciertas de Cambrai,
al Rey de Orleáns le otorgará un muro legal.

46

Vida, suerte y muerte del oro en la indigna villana,
no será de Sajonia el nuevo elector,
de Brubwick enviará un símbolo de amor,
y convertirá en falso al pueblo seductor.

47

En Bourze, ciudad de la dama Guyrlande,
se exaltará por la traición encomendada,
el gran prelado de León por Formande,
falsos peregrinos y raptor deshecho.

48

De lo más profundo de la bandera española,
escapando de los rincones de Europa,
inventando inconvenientes cerca del puente de Laigne,
su gran ejército será destruido por una tropa.

49

En el jardín del mundo, junto a la ciudad nueva,
en el sendero de los montes socavados,
será tomado y sumergido dentro de una cuba,
y obligarán a beber las aguas envenenadas de azufre.

Contaminación y contagio a través de las aguas.

50

El Mosa en la jornada de la tierra de Luxemburgo,
descubrirá Saturno y los tres en la urna,
monte y llanura, villa, ciudad y pueblo,
diluvio en Lorena, traición por el gran pájaro.

51

En los lugares llanos y bajos del país de Lorena,
serán las bases de Alemania unidas,
por los del boqueo: Picardos, Normandos, del Maine,
y en los cantones serán reunidos.

52

Donde Laye y Escalda se unen,
sucederán las bodas que por largo tiempo se han preparado,
en el espacio de Amberes donde las inmundicias arrasan,
la joven vejez conforta y no contamina.

53

Los tres pellejeros a lo lejos pelearán,
el más grande quedará a la escucha,
el gran Selín dejará de ser su jefe para siempre,
el fuego nombrará por el peltre su blanca ruta.

54

Nacida en el mundo de la fugacidad de la concubina,
a las dos, elevada por las noticias funestas,
será capturada entre enemigos,
y será llevada a Malinas y Bruselas.

55

Se celebraron las bodas infelices,
con mucha alegría, pero el fin será desventurado,
marido y madre despreciarán a la nuera,
el hijo morirá y la nuera se volverá más piadosa.

1572, Enrique IV de Francia y Margarita de Valois.

56

El prelado real estará muy débil,
un largo chorro de sangre escapará de su boca,
el reino anglicano sobrevivirá gracias a otro reino,
los muertos alargarán sus tiempos viviendo en Túnez
como linaje.

57

El sublevado no conocerá su trono,
odiará a los hijos jóvenes de los mayores,
no ha existido jamás un ser más cruel,
empujará a sus esposas a la muerte negra.

Robespierre.

58

En tiempo de luto, el rey felino,
peleará la juventud Emaciana,
temblará la Galia, tendrá riesgos la nave,
los focenos serán tentados, el peligro verdadero en el oeste.

59

En Lyon, veinticinco de un aliento,
cinco ciudadanos germanos, Brescianos, Latinos,
ocultándose del noble llevará una larga cola,
y serán descubiertos por los ladridos de los perros.

60

Lloro por Niza, Mónaco, Pisa, Génova,
Savona, Siena, Capua, Módena, Malta,
le darán sangre y cuchillo por aguinaldo,
fuego, terremoto, agua, tristes cuentas.

61

Belta, Viena, Emorre, Sacarbance,
querrán librar Yugoslavia para los bárbaros,
fuego y sangre en la ciudad de Bizancio,
los conjurados serán descubiertos por una matrona.

62

Cerca de Sorbin, a punto de invadir Hungría,
el heraldo de Brudas los advertirá,
un jefe Bizantino, Sallón de Esclanovia,
vendrá para convertirlos a las leyes árabes.

63

Cidrón, Ragusa, la ciudad de San Hierón,
reivindicarán al auxilio mendicante,
el hijo del Rey morirá por dos garzas.
el árabe y Hungría continuarán el mismo curso.

64

Llora Milán, llora Lucca, llora Florencia,
montará al carro tu gran duque,
para cambiar la sede junto a Venecia se avanzará,
cuando a Colonna cambie a Roma.

65

¡Oh, vasta Roma, tu ruina se acerca!
No llegará desde tus muros, ni desde tu sangre y sustancia,
el áspero por carta asolará horriblemente,
hojas afiladas de cuchillos clavadas en todos hasta la
empuñadura.

66

El jefe de Londres por el poder de América,
la Isla de Escocia por la helada empeorará,
el Rey y los clérigos recibirán a un falso anticristo,
obligará a todos a ingresar en la lucha.

*La aparición de la figura del anticristo en una de las
profecías de Nostradamus.*

67

El terremoto será muy fuerte en el mes de mayo,
Saturno, Capricornio, Júpiter, Mercurio en Tauro,
Venus, Cáncer, Marte en el noveno,   *setiembre-*
lloverán piedras más gruesas que un huevo.

Claves astrológicas que indican catástrofes naturales.

68

La flota marítima estacionará ante la ciudad,
después partirá pero no irá demasiado lejos,
los ciudadanos robarán en tierra un gran botín,
retornará la armada, y tendrá un impulso enorme.

69

El hecho brillará nuevamente elevando,
serán tan grandes en el norte como en el sur,
su hermana, de grandes alas encumbradas,
escapará herida hacia los matorrales de Ambellón.

70

El ojo por ese objeto hará tal excrecencia,
que nevará tanta nieve y tan ardiente,
en el campo irrigado y decadente,
y el primado sucumbirá en Reggio.

71

La tierra y el aire tanto se helarán,
cuando vayan a adorar en jueves
lo que nunca será, ni era, tan hermoso,
de las cuatro partes vendrán para honrarlo.

72

En el séptimo mes del año mil novecientos noventa y nueve,
llegará desde el cielo el gran rey del terror,
para resucitar al gran Rey de los mongoles,
antes y después reinará Marte sin obstáculos.

1999, en una de las más famosas cuartetas de Nostradamus aparece esta clara referencia cronológica. Ya estamos parados en este año y los mongoles islamizados no han llegado.

El año indicado tiene una probable explicación poética, el primero de los versos lo necesitaba por métrica y sonido: "L'an mil neuf cens nonate neuf sept mois…"

La llegada del rey de los mongoles quizás haya sido una exigencia de la rima, en el tercer verso para que haga pareja con el primero: "…resusciter le grand Roy d'Angolmois…"

En fin, todo poeta tiene sus licencias y sus tentaciones. El hecho es que ya estamos en 1999, y han pasado cosas peores.

73

El tiempo presente, con el pasado,
será juzgado por el gran Jovialista,
tarde, el mundo le causará cansancio,
traicionado por los clérigos juristas.

Sigue la profecía anterior. Continuamos en 1999, y en el tercero de los versos Nostradamus se refiere a un mundo que produce hastío.

74

En el remate del gran número, séptimo,
aparecerán los tiempos de juego de la hecatombe,
cerca de la gran edad milésima,
en que los sepultados se escaparán de las tumbas.

La tercera parte de la profecía de 1999, cuando nombra al gran número, se refiere al famoso año. El regreso de los muertos vivos.

75

No retornará el esperado,
aparecerá en Europa y Asia,
uno de la liga salido del gran Hermes,
y sobre todos los Reyes del Oriente crecerá.

76

El gran Senado otorgará la pompa,
a uno que luego será derrotado y echado,
sus adherentes lo recibirán al son de las trompetas,
serán sus bienes rematados y sus enemigos desterrados.

77

Treinta partidarios de la orden de los quirites,
serán desterrados y sus bienes pasarán a manos de sus
                                                    adversarios,
todos sus hechos memorables se desmerecerán,
la armada esparcida se rendirá ante los corsarios.

78

La súbita alegría se transformará en súbita tristeza,
en Roma, en gracias ceñidas,
luto, gritos, llantos, lágrimas, sangre, excelente júbilo,
las bandas adversarias serán sorprendidas y destrozadas.

79

Los antiguos senderos habrán sido embellecidos,
y se podrá pasar a Menfis prevenidos,
el gran Mercurio de Hércules flor de lis,
harán temblar al mar, la tierra y los países.

80

En el gran reino de un gran rey que reina,
por la fuerza de las armas, por las grandes puertas de
bronce,
abrirá el gran rey y el duque gobernante,
será demolido el puerto, se hundirá la nave en una
jornada serena.

81

Un tesoro puesto en el templo por los ciudadanos de las
Hespérides,
en un sitio alejado y secreto,
el templo abrirá sus lazos de hambre,
será recobrado robado, un espantoso botín.

82

Gemidos, gritos, lágrimas, llegarán con puñales,
fingiendo escapar cometerán el último asalto,
el los parques del entorno se formarán profundas mesetas,
en el asalto serán rechazados vivos y muertos.

83

No existirán signos de la batalla,
se verán forzados a escapar del parque,
en las cercanías de Gante se verá la bandera
del que manda a los suyos a la muerte.

84

Lo natural no desciende tan arriba,
regresar tarde contentará a los maridos,
el Recloing no permanecerá sin discusiones,
usando y perdiendo todo su tiempo.

85

El anciano tribuno a punto de angustiarse,
será tomado prisionero y no será liberado,
no es viejo ese viejo, y es tímido el que mal habla,
será entregado a sus amigos legalmente.

86

Será un mestizo el rey de Europa,
acompañado por los del norte,
guiará una gran tropa de rojos y blancos,
y marcharán contra el Rey de Babilonia.

87

Un gran rey sitiará un puerto cerca de Niza,
el gran imperio de la muerte hará tanto,
que en Antibes impondrá su genio,
todo el botín se perderá en el mar.

88

Pies y caballos en la segunda vigilia,
ingresarán por el mar con arrogancia,
entrarán en la seda de Marsella,
gemidos, gritos y sangre jamás fueron tan amargos.

89

Los muros de ladrillo y de mármol serán reducidos,
pasarán cincuenta y siete años de paz,
gozarán los humanos, el acueducto se renovará,
salud, abundancia, felicidad y tiempos maléficos.

¿Desde cuándo podemos comenzar a contar esos maravillosos 57 años de felicidad y justicia?

90

Cien veces morirá el tirano inhumano,
será reemplazado por un sabio bueno,
todo el Senado estará bajo su poder,
y será incitado por un sagaz imprudente.

¿Cuándo desaparecerán los gobernantes inhumanos y gobernarán los sabios?

91

El Clero Romano en el año mil seiscientos nueve,
en los comienzos del año habrá elección,
de alguien salido gris y negro de la compañía,
que jamás fue astuto como él.

1609, otra fecha dada por Nostradamus, y otra equivocada en un hecho cercano a su tiempo. Fue en el año 1605 la elección papal. Paulo V fue nombrado Papa.

92

Delante de su padre será asesinado el niño,
y luego el padre lo será entre cuerdas de junco,
el pueblo genovés será estremecido,
su jefe reposará en el medio como un tronco.

93

La barca nueva recibirá los viajes,
Y después el imperio será transferido,
Beuacaire y Arlés retendrán a los rehenes,
Junto a dos columnas de Porfirio.

94

En Nimes, Arlés y Viena subestimarán
y no obedecerán las leyes de Hespérida,
sobre los trabajos que condenan al grande,
huirán seis en hábitos franciscanos.

95

Un rey muy poderoso llegará a España,
por mar y por tierra subyugará nuestro mediodía,
y lo hará rebajando el creciente,
cortando las alas a los del viernes.

96

La religión del nombre de los mares vencerá,
a la secta del hijo Adaluncatif,
obstinada y deplorada la secta tendrá temor,
a los dos heridos por Aleph y Aleph.

97

Barcos repletos de prisioneros de todas las edades,
el tiempo irá de mal en peor, lo dulce será amargo,
el botín será para los bárbaros, que rápidamente se
cansarán,
ansiosos por ver la pluma llorando al viento.

98

El claro esplendor de la mujer que goza
no lucirá más, y estará largo tiempo sin sal,
con mercaderes, rufianes, lobos, se convertirá en odiosa,
todos mezclados forman un monstruo universal.

99

El final del lobo, el león, el buey y el asno,
la tímida dama está con los perros,
el dulce maná ya no caerá más para ellos,
más custodia y atención de los mastines.

*En los finales de las épocas, Nostradamus recomienda
estar alerta.*

100

Inglaterra será un gran Imperio,
perdurará más de trescientos años,
grandes ejércitos pasarán por mar y por tierra,
los lusianos no serán felices con eso.

*Desde 1600 hasta 1945, el auge y la decadencia del
Imperio Británico.*

ÍNDICE